Festin Espagnol

Le Voyage Culinaire au Cœur de l'Espagne

Ana Sanchez

La reproduction de ce livre en tout ou en partie est interdite.

ni son intégration dans un système informatique ni sa transmission sous quelque forme ou par quelque moyen que ce soit, y compris électronique, mécaniquement, par photocopie, enregistrement ou autrement,

sans l'autorisation écrite préalable de l'éditeur.

RÉSUMÉ

MORUE AJOARRIERO 27
    INGRÉDIENTS 27
    Processus 27
    ASTUCE 27

Cardilli vapeur au sherry 28
    INGRÉDIENTS 28
    Processus 28
    ASTUCE 28

TOUT PEBRE DE SEEFEL AUX CREVETTES 29
    INGRÉDIENTS 29
    Processus 30
    ASTUCE 30

BRÈME FRIT 31
    INGRÉDIENTS 31
    Processus 31
    ASTUCE 31

Moules à la Marinera 32
    INGRÉDIENTS 32
    Processus 32
    ASTUCE 33

Morue avec pilule pilule 34
    INGRÉDIENTS 34
    Processus 34
    ASTUCE 34

- TAMBOUR DE POULET AU WHISKY 35
  - INGRÉDIENTS 35
  - Processus 35
    - ASTUCE 36
- Canard rôti 37
  - INGRÉDIENTS 37
  - Processus 37
    - ASTUCE 38
- POITRINE DE POULET VILLAROY 39
  - INGRÉDIENTS 39
  - Processus 39
    - ASTUCE 40
- Filet de poulet sauce moutarde et citron 41
  - INGRÉDIENTS 41
  - Processus 41
    - ASTUCE 42
- GANETTE FRIT AUX PRUNES ET CHAMPIGNONS 43
  - INGRÉDIENTS 43
  - Processus 43
    - ASTUCE 44
- POITRINE DE POULET VILLAROY FARCIE DE PIQUILLOS CARAMÉLISÉS AU VINAIGRE DE MODÈNE 45
  - INGRÉDIENTS 45
  - Processus 45
    - ASTUCE 46
- Filet de poulet farci au bacon, champignons et fromage 47

INGRÉDIENTS 47

Processus 47

ASTUCE 48

POULET AU VIN DOUX AUX PRUNES 49

INGRÉDIENTS 49

Processus 49

ASTUCE 50

POITRINE DE POULET ORANGE AUX NOIX DE CAJOU 51

INGRÉDIENTS 51

Processus 51

ASTUCE 51

Perdrix marinée 52

INGRÉDIENTS 52

Processus 52

ASTUCE 52

POULET CACCIATORE 53

INGRÉDIENTS 53

Processus 53

ASTUCE 54

AILES DE POULET FAÇON COCA-COLA 55

INGRÉDIENTS 55

Processus 55

ASTUCE 55

POULET À L'AIL 56

INGRÉDIENTS 56

Processus 56

ASTUCE 57
POULET CHILINDRON 58
    INGRÉDIENTS 58
    Processus 58
    ASTUCE 59
Cailles marinées et fruits rouges 60
    INGRÉDIENTS 60
    Processus 60
    ASTUCE 61
POULET AU CITRON 62
    INGRÉDIENTS 62
    Processus 62
    ASTUCE 63
POULET SAN JACOBO AVEC SERRANOHAM, TARTA DEL CASAR ET ROQUÉE 64
    INGRÉDIENTS 64
    Processus 64
    ASTUCE 64
POULET AU CURRY AU FOUR 65
    INGRÉDIENTS 65
    Processus 65
    ASTUCE 65
POULET AU VIN ROUGE 66
    INGRÉDIENTS 66
    Processus 66
    ASTUCE 67

- POULET FRIT À LA BIÈRE NOIRE 68
  - INGRÉDIENTS 68
  - Processus 68
  - ASTUCE 69
- DÉTAIL DU CHOCOLAT 70
  - INGRÉDIENTS 70
  - Processus 70
  - ASTUCE 71
- Quartiers de dinde rôtis, sauce aux groseilles 72
  - INGRÉDIENTS 72
  - Processus 72
  - ASTUCE 73
- POULET FRIT À LA SAUCE AUX PÊCHES 74
  - INGRÉDIENTS 74
  - Processus 74
  - ASTUCE 75
- FILET DE POULET FARCI AUX ÉPINARDS ET MOZZARELLA 76
  - INGRÉDIENTS 76
  - Processus 76
  - ASTUCE 76
- POULET Rôti AU CAVA 77
  - INGRÉDIENTS 77
  - Processus 77
  - ASTUCE 77
- BROCHETTES DE POULET À LA SAUCE ARACHIDES 78
  - INGRÉDIENTS 78

    Processus 78

    ASTUCE 79

POULET AU PEPITOIRE 80

    INGRÉDIENTS 80

    Processus 80

    ASTUCE 81

POULET À L'ORANGE 82

    INGRÉDIENTS 82

    Processus 82

    ASTUCE 83

Ragoût de poulet aux cèpes 84

    INGRÉDIENTS 84

    Processus 84

    ASTUCE 85

PÂTISSERIE DE POULET AUX NOIX ET SOJA 86

    INGRÉDIENTS 86

    Processus 86

    ASTUCE 87

POULET AU CHOCOLAT AVEC ALMEDRAS FRITS 88

    INGRÉDIENTS 88

    Processus 88

    ASTUCE 89

BROCHETTES D'AGNEAU AU VINAIGRETE DE POIVRON ET MOUTARDE 90

    INGRÉDIENTS 90

    Processus 90

ASTUCE 91
Nageoires de veau farcies au porto 92
    INGRÉDIENTS 92
    Processus 92
    ASTUCE 93
BOULETTES DE VIANDE MADRILEÑA 94
    INGRÉDIENTS 94
    Processus 95
    ASTUCE 95
FROMAGE DE BOEUF AU CHOCOLAT 96
    INGRÉDIENTS 96
    Processus 96
    ASTUCE 97
TARTE AU PORC CONFIÉ SAUCE AU VIN DOUCE 98
    INGRÉDIENTS 98
    Processus 98
    ASTUCE 99
LES LAPIN À MARC 100
    INGRÉDIENTS 100
    Processus 100
    ASTUCE 101
BOULETTES DE VIANDE SAUCE POIVRON-NOISETTES ... 102
    INGRÉDIENTS 102
    Processus 103
    ASTUCE 103
Escalope de veau à la bière noire 104

    INGRÉDIENTS 104

    Processus 104

        ASTUCE 105

Tripes À LA MADRILEÑA 106

    INGRÉDIENTS 106

    Processus 106

        ASTUCE 107

LONGE DE PORC Rôtie AUX POMMES ET MENTHE 108

    INGRÉDIENTS 108

    Processus 108

        ASTUCE 109

BOULETTES DE POULET AVEC SAUCE FRAMBOISE 110

    INGRÉDIENTS 110

    Processus 111

        ASTUCE 111

RAGOÛT D'AGNEAU 112

    INGRÉDIENTS 112

    Processus 112

        ASTUCE 113

Chat civette lapin 114

    INGRÉDIENTS 114

    Processus 114

        ASTUCE 115

LAPIN À LA PIPERRADA 116

    INGRÉDIENTS 116

    Processus 116

ASTUCE 117
Boulettes de poulet farcies au fromage et sauce curry 118
    INGRÉDIENTS 118
    Processus 119
    ASTUCE 119
Joues de porc au vin rouge 120
    INGRÉDIENTS 120
    Processus 120
    ASTUCE 121
NAVIGATION DU COCHON EN SOIE 122
    INGRÉDIENTS 122
    Processus 122
    ASTUCE 122
Ragoût de boeuf à la sauce aux cacahuètes 123
    INGRÉDIENTS 123
    Processus 123
    ASTUCE 124
COCHON RÔTI 125
    INGRÉDIENTS 125
    Processus 125
    ASTUCE 125
Jarret RÔTI au chou 126
    INGRÉDIENTS 126
    Processus 126
    ASTUCE 126
CHASSEUR DE LAPIN 127

INGRÉDIENTS	127
Processus	127
ASTUCE	128

GAINE DE BOEUF À LA MADRILEÑA 129

INGRÉDIENTS	129
Processus	129
ASTUCE	129

Lapin mijoté aux champignons 130

INGRÉDIENTS	130
Processus	130
ASTUCE	131

CÔTES DE PORC IBÉRIQUE AU VIN BLANC ET AU MIEL 132

INGRÉDIENTS	132
Processus	132
ASTUCE	133

POIRES AU CHOCOLAT AU POIVRE 134

INGRÉDIENTS	134
Processus	134
ASTUCE	134

TROIS GÂTEAUX AU CHOCOLAT AVEC BISCUITS 135

INGRÉDIENTS	135
Processus	135
ASTUCE	136

Meringue suisse 137

INGRÉDIENTS	137
Processus	137

ASTUCE	137
CRÊPES AUX NOISETTES ET BANANES	**138**
INGRÉDIENTS	138
Processus	138
ASTUCE	139
TARTE AU CITRON À BASE DE CHOCOLAT	**140**
INGRÉDIENTS	140
Processus	140
ASTUCE	141
TIRAMISU	**142**
INGRÉDIENTS	142
Processus	142
ASTUCE	143
INTXAURSALSA (CRÈME DE NOIX)	**144**
INGRÉDIENTS	144
Processus	144
ASTUCE	144
COLLATION AU LAIT	**145**
INGRÉDIENTS	145
Processus	145
ASTUCE	145
langues de chats	**146**
INGRÉDIENTS	146
Processus	146
ASTUCE	146
CUPCAKES À L'ORANGE	**147**

- INGRÉDIENTS 147
  - Processus 147
  - ASTUCE 147
- Pommes de porto rôties 148
  - INGRÉDIENTS 148
  - Processus 148
  - ASTUCE 148
- Meringue cuite 149
  - INGRÉDIENTS 149
  - Processus 149
  - ASTUCE 149
- Pudding à la vanille 150
  - INGRÉDIENTS 150
  - Processus 150
  - ASTUCE 150
- PANNA COTTA AUX BONBONS VIOLES 151
  - INGRÉDIENTS 151
  - Processus 151
  - ASTUCE 151
- BISCUITS AUX AGRUMES 152
  - INGRÉDIENTS 152
  - Processus 152
  - ASTUCE 153
- PÂTE DE MANGUE 154
  - INGRÉDIENTS 154
  - Processus 154

- ASTUCE 154
- GÂTEAU AU YAOURT 155
  - INGRÉDIENTS 155
  - Processus 155
  - ASTUCE 155
- COMPOTÉE DE BANANE AU ROMARIN 156
  - INGRÉDIENTS 156
  - Processus 156
  - ASTUCE 156
- CRÈME BRULÉE 157
  - INGRÉDIENTS 157
  - Processus 157
  - ASTUCE 157
- Bras suisse rempli de crème 158
  - INGRÉDIENTS 158
  - Processus 158
  - ASTUCE 158
- ŒUF PLAT 159
  - INGRÉDIENTS 159
  - Processus 159
  - ASTUCE 159
- GELÉE DE CAVA AUX FRAISES 160
  - INGRÉDIENTS 160
  - Processus 160
  - ASTUCE 160
- Beignets 161

INGRÉDIENTS	161
Processus	161
ASTUCE	161
Coca-Cola de Saint-Jean	162
INGRÉDIENTS	162
Processus	162
SAUCE BOLOGNAISE	163
INGRÉDIENTS	163
Processus	163
ASTUCE	164
Bouillon blanc (poulet ou bœuf)	165
INGRÉDIENTS	165
Processus	165
ASTUCE	165
TOMATE CONCASSÉE	167
INGRÉDIENTS	167
Processus	167
ASTUCE	167
SAUCE ROBERTO	168
INGRÉDIENTS	168
Processus	168
ASTUCE	168
SAUCE ROSE	169
INGRÉDIENTS	169
Processus	169
ASTUCE	169

- STOCKAGE DU POISSON 170
  - INGRÉDIENTS 170
  - Processus 170
  - ASTUCE 170
- SAUCE ALLEMANDE 171
  - INGRÉDIENTS 171
  - Processus 171
  - ASTUCE 171
- Sauce épicée 172
  - INGRÉDIENTS 172
  - Processus 172
  - ASTUCE 173
- Bouillon noir (poulet ou bœuf) 174
  - INGRÉDIENTS 174
  - Processus 174
  - ASTUCE 175
- MOJO PICÓN 176
  - INGRÉDIENTS 176
  - Processus 176
  - ASTUCE 176
- SAUCE PESTO 177
  - INGRÉDIENTS 177
  - Processus 177
  - ASTUCE 177
- SAUCE AIGRE DOUCE 178
  - INGRÉDIENTS 178

    Processus 178

    ASTUCE 178

MOJITO VERT 179

    INGRÉDIENTS 179

    Processus 179

    ASTUCE 179

SAUCE BESSAMELLO 180

    INGRÉDIENTS 180

    Processus 180

    ASTUCE 180

SAUCE DU CHASSEUR 181

    INGRÉDIENTS 181

    Processus 181

    ASTUCE 181

SAUCE AÏOLI 182

    INGRÉDIENTS 182

    Processus 182

    ASTUCE 182

SAUCE AMÉRICAINE 183

    INGRÉDIENTS 183

    Processus 183

    ASTUCE 184

AURORE « SAUCE 185

    INGRÉDIENTS 185

    Processus 185

    ASTUCE 185

SAUCE BARBECUE 186
    INGRÉDIENTS 186
    Processus 186
    ASTUCE 187
SAUCE BERNOISE 188
    INGRÉDIENTS 188
    Processus 188
    ASTUCE 188
SAUCE CARBONARA 190
    INGRÉDIENTS 190
    Processus 190
    ASTUCE 190
SAUCE DÉLICIEUSE 191
    INGRÉDIENTS 191
    Processus 191
    ASTUCE 191
SAUCE CUMBERLAND 192
    INGRÉDIENTS 192
    Processus 192
    ASTUCE 193
SAUCE AU CURRY 194
    INGRÉDIENTS 194
    Processus 194
    ASTUCE 195
SAUCE À L'AIL 196
    INGRÉDIENTS 196

- Processus 196
- ASTUCE 196
- SAUCE AUX MÛRES 197
  - INGRÉDIENTS 197
  - Processus 197
  - ASTUCE 197
- Sauce au cidre de pomme 198
  - INGRÉDIENTS 198
  - Processus 198
  - ASTUCE 198
- KETCHUP 199
  - INGRÉDIENTS 199
  - Processus 199
  - ASTUCE 200
- SAUCE AU VIN PEDRO XIMENEZ 201
  - INGRÉDIENTS 201
  - Processus 201
  - ASTUCE 201
- SAUCE À LA CRÈME 202
  - INGRÉDIENTS 202
  - Processus 202
  - ASTUCE 202
- SAUCE MAYONNAISE 203
  - INGRÉDIENTS 203
  - Processus 203
  - ASTUCE 203

SAUCE AU YOGOURT ENETO 204
    INGRÉDIENTS 204
    Processus 204
    ASTUCE 204
SAUCE DIABLE 205
    INGRÉDIENTS 205
    Processus 205
    ASTUCE 205
sauce espagnole 206
    INGRÉDIENTS 206
    Processus 206
    ASTUCE 206
SAUCE NÉERLANDAISE 207
    INGRÉDIENTS 207
    Processus 207
    ASTUCE 207
ÉTAT ITALIEN 208
    INGRÉDIENTS 208
    Processus 208
    ASTUCE 209
SAUCE MUSSELLINES 210
    INGRÉDIENTS 210
    Processus 210
    ASTUCE 210
SUPPRIMER 211
    INGRÉDIENTS 211

- Processus 211
- ASTUCE 211
- SAUCE BIZCAIN 212
  - INGRÉDIENTS 212
  - Processus 212
  - ASTUCE 212
- SAUCE À L'ENCRE 213
  - INGRÉDIENTS 213
  - Processus 213
  - ASTUCE 213
- SAUCE DU MATIN 214
  - INGRÉDIENTS 214
  - Processus 214
  - ASTUCE 214
- SAUCE ROMESCA 215
  - INGRÉDIENTS 215
  - Processus 215
  - ASTUCE 216
- SAUCE SOUBISE 217
  - INGRÉDIENTS 217
  - Processus 217
  - ASTUCE 217
- rénovation 218
  - INGRÉDIENTS 218
  - Processus 218
  - ASTUCE 218

SAUCE CARAMEL 219
    INGRÉDIENTS 219
    Processus 219
    ASTUCE 219
POMME DE TERRE 220
    INGRÉDIENTS 220
    Processus 220
    ASTUCE 220

MORUE AJOARRIERO

INGRÉDIENTS

400 g de flocons de morue dessalés

2 cuillères à soupe de piment chorizo hydraté

2 cuillères à soupe de sauce tomate

1 poivron vert

1 poivron rouge

1 gousse d'ail

1 oignon

1 piment

huile d'olive

salé

Processus

Coupez les légumes en forme de julienne et faites-les frire à feu moyen jusqu'à ce qu'ils soient très tendres. Saler.

Ajouter des cuillerées de chorizo, de sauce tomate et de piment. Ajouter le cabillaud émietté et cuire 2 minutes.

ASTUCE

C'est la garniture parfaite pour faire une délicieuse empanada.

Cardilli vapeur au sherry

INGRÉDIENTS

750 g de moules

600 ml de vin de Xérès

1 feuille de laurier

1 gousse d'ail

1 citron

2 cuillères à soupe d'huile d'olive

salé

Processus

Nettoyer les moules.

Dans une poêle chaude, ajoutez 2 cuillères à soupe d'huile et faites revenir légèrement l'ail haché.

Ajoutez subitement les moules, le vin, le laurier, le citron et le sel. Couvrir et cuire jusqu'à ce qu'ils s'ouvrent.

Servir les moules avec la sauce.

ASTUCE

Lors du rinçage, les moules sont plongées dans de l'eau froide additionnée de sel pour éliminer le sable et les impuretés.

TOUT PEBRE DE SEEFEL AUX CREVETTES

INGRÉDIENTS

Pour le stock de poisson

15 têtes et corps de crevettes

1 tête ou 2 épines caudales de lotte ou de corégone

Ketchup

1 oignon nouveau

1 poireau

salé

Pour le ragoût

1 grosse queue de lotte (ou 2 petites)

Corps de crevette

1 cuillère à soupe de paprika doux

8 gousses d'ail

4 grosses pommes de terre

3 tranches de pain

1 poivre de Cayenne

amandes non pelées

huile d'olive

sel et poivre

Processus

Pour le stock de poisson

Préparez le bouillon de poisson en faisant frire les corps de crevettes et la sauce tomate. Ajoutez les arêtes ou la tête de lotte et la julienne de légumes. Couvrir d'eau et faire bouillir 20 minutes, filtrer et saler.

Pour le ragoût

Faites revenir l'ail entier dans une poêle. Décollez et réservez. Faites frire les amandes dans la même huile. Décollez et réservez.

Faites frire le pain dans la même huile. Se retirer.

Écrasez l'ail, une poignée d'amandes entières non pelées, les tranches de pain et le poivre de Cayenne dans un mortier.

Faites revenir légèrement le poivron dans l'huile avec laquelle l'ail a été frit, en veillant à ce qu'il ne brûle pas, et ajoutez-le au bouillon.

Ajouter les pommes de terre cachelada et cuire jusqu'à tendreté. Ajoutez la lotte poivrée et laissez cuire 3 minutes. Ajouter le majado et les crevettes et cuire encore 2 minutes jusqu'à ce que la sauce épaississe. Assaisonner de sel et servir chaud.

ASTUCE

Utilisez juste assez de bouillon pour couvrir les pommes de terre. Le poisson le plus couramment utilisé pour cette recette est l'anguille, mais vous pouvez également le préparer avec d'autres types de poissons de chair, comme l'aiguillat commun ou le congre.

BRÈME FRIT

INGRÉDIENTS

1 daurade nettoyée, évidée et écaillée

25 g de chapelure

2 gousses d'ail

1 piment

Vinaigre

huile d'olive

salé

Processus

Salez et huilez la dorade à l'intérieur et à l'extérieur. Saupoudrer la surface de chapelure et enfourner à 180°C pendant 25 minutes.

Pendant ce temps, faites revenir l'ail émincé et le piment à feu moyen. Versez hors du feu un filet de vinaigre et assaisonnez la daurade avec cette sauce.

ASTUCE

Le ciselage consiste à faire des coupes sur toute la largeur du poisson pour qu'il cuise plus rapidement.

Moules à la Marinera

INGRÉDIENTS

1 kg de moules

1 petit verre de vin blanc

1 cuillère à soupe de farine

2 gousses d'ail

1 petite tomate

1 oignon

½ piment

Du colorant alimentaire ou du safran (facultatif)

huile d'olive

salé

Processus

Faites tremper les moules dans de l'eau froide avec beaucoup de sel pendant quelques heures pour éliminer les saletés restantes.

Une fois les moules nettoyées, faites-les bouillir dans du vin et ¼ de litre d'eau. Une fois ouverts, retirez et réservez le liquide.

Coupez l'oignon, l'ail et la tomate en petits morceaux et faites-les revenir dans un filet d'huile. Ajouter le piment et cuire jusqu'à ce qu'il soit bien cuit.

Ajoutez la cuillerée de farine et laissez cuire encore 2 minutes. Ajoutez l'eau de cuisson des moules. Cuire 10 minutes et assaisonner de sel. Ajoutez les moules et laissez cuire encore une minute. Ajoutez maintenant du colorant alimentaire ou du safran.

ASTUCE

Le vin blanc peut être remplacé par du vin doux. La sauce est très bonne.

Morue avec pilule pilule

INGRÉDIENTS

4 ou 5 filets de cabillaud dessalés

4 gousses d'ail

1 piment

½ litre d'huile d'olive

Processus

Faire revenir l'ail et le piment dans l'huile d'olive à feu doux. Retirez-les du four et laissez l'huile refroidir légèrement.

Ajoutez les filets de cabillaud, peau vers le haut, et laissez cuire à feu doux 1 minute. Retourner et laisser reposer encore 3 minutes. Il est important qu'il soit cuit dans l'huile et non frit.

Retirez la morue et décantez progressivement l'huile jusqu'à ce qu'il ne reste plus que la substance blanche (gélatine) que la morue a libérée.

Retirer du feu et mélanger au tamis, au fouet ou par mouvements circulaires en incorporant progressivement l'huile décantée. Battez la pilule pendant 10 minutes en remuant constamment.

Quand tout est cuit, remettez la morue et remuez encore une minute.

ASTUCE

Pour lui donner une touche différente, ajoutez un os de jambon ou quelques herbes aromatiques à l'huile dans laquelle est cuite la morue.

TAMBOUR DE POULET AU WHISKY

INGRÉDIENTS

12 cuisses de poulet

200 ml de crème

150 ml de whisky

100 ml de bouillon de poulet

3 jaunes d'œufs

1 oignon nouveau

Farine

huile d'olive

sel et poivre

Processus

Assaisonner, fariner et faire revenir les cuisses de poulet. Décollez et réservez.

Faites revenir les oignons nouveaux finement hachés dans la même huile pendant 5 minutes. Ajoutez le whisky et flambez (la hotte doit être éteinte). Ajoutez la crème et le bouillon. Ajoutez à nouveau le poulet et faites cuire à feu doux pendant 20 minutes.

Hors du feu, ajoutez les jaunes d'œufs et mélangez délicatement pour que la sauce épaississe légèrement. Assaisonner de sel et de poivre si nécessaire.

ASTUCE

Le whisky peut être remplacé par la boisson alcoolisée que nous préférons.

Canard rôti

INGRÉDIENTS

1 canard nettoyé

1 litre de bouillon de poulet

4 dl de sauce soja

3 cuillères à soupe de miel

2 gousses d'ail

1 petit oignon

1 poivre de Cayenne

gingembre frais

huile d'olive

sel et poivre

Processus

Dans un bol, mélangez le bouillon de poulet, les graines de soja, l'ail râpé, le poivre de Cayenne et les oignons finement hachés, le miel, un morceau de gingembre râpé et le poivre. Faites mariner le canard dans ce mélange pendant 1 heure.

Retirez-les de la macération et disposez-les sur une plaque allant au four avec la moitié du liquide de macération. Griller à 200°C pendant 10 minutes de chaque côté. Mouillez constamment avec une brosse.

Réduisez le four à 180°C et enfournez encore 18 minutes de chaque côté (continuez à badigeonner toutes les 5 minutes).

Retirez le canard de la poêle, réservez-le et faites réduire la sauce de moitié dans une poêle à feu moyen.

ASTUCE

Commencez à cuire les oiseaux avec la poitrine vers le bas, cela les rendra moins secs et plus juteux.

POITRINE DE POULET VILLAROY

INGRÉDIENTS

1 kg de filet de poulet

2 carottes

2 branches de céleri

1 oignon

1 poireau

1 navet

Farine, œufs et chapelure (pour enrober)

pour l'insémination

1 litre de lait

100 g de beurre

100 g de farine

Noix de muscade

sel et poivre

Processus

Faites bouillir tous les légumes nettoyés dans 2 litres d'eau froide pendant 45 minutes.

Pendant ce temps, préparez la sauce béchamel en faisant revenir la farine dans le beurre à feu moyen pendant 5 minutes. Ajoutez ensuite le lait et mélangez. Salez et ajoutez la muscade. Cuire à feu doux pendant 10 minutes sans cesser de remuer.

Filtrez le bouillon et faites cuire les magrets (entiers ou en filets) pendant 15 minutes. Retirer et laisser refroidir. Faites bien revenir les magrets avec la sauce béchamel et conservez-les au réfrigérateur. Une fois refroidis, plongez-les dans la farine, puis dans l'œuf et enfin dans la chapelure. Faire revenir dans suffisamment d'huile et servir chaud.

ASTUCE

Vous pouvez préparer une délicieuse crème avec du bouillon et des légumes hachés.

Filet de poulet sauce moutarde et citron

INGRÉDIENTS

4 filets de poulet

250 ml de crème

3 cuillères à soupe de cognac

3 cuillères à soupe de moutarde

1 cuillère à soupe de farine

2 gousses d'ail

1 citron

½ oignon nouveau

huile d'olive

sel et poivre

Processus

Assaisonnez les magrets coupés en morceaux réguliers avec un filet d'huile et faites-les frire. Réservations.

Faites revenir la ciboulette et l'ail finement haché dans la même huile. Ajouter la farine et cuire 1 minute. Ajoutez le cognac jusqu'à évaporation et ajoutez la crème, 3 cuillères à soupe de jus et de zeste de citron, la moutarde et le sel. Faire bouillir la sauce pendant 5 minutes.

Ajoutez à nouveau le poulet et laissez cuire à feu doux encore 5 minutes.

ASTUCE

Zester d'abord le citron avant d'en extraire le jus. Pour économiser de l'argent, vous pouvez le préparer avec du filet de poulet haché à la place du filet de poulet.

GANETTE FRIT AUX PRUNES ET CHAMPIGNONS

INGRÉDIENTS

1 pintade

250 g de champignons

Port de 200 ml

¼ litre de bouillon de poulet

15 prunes dénoyautées

1 gousse d'ail

1 cuillère à café de farine

huile d'olive

sel et poivre

Processus

Salez et poivrez et faites cuire la pintade avec les prunes jusqu'à ce qu'elles soient dorées à 175°C pendant 40 minutes. Retourner à mi-cuisson. Une fois le temps écoulé, retirez le jus et conservez-le.

Faites frire 2 cuillères à soupe d'huile et de farine dans une poêle pendant 1 minute. Ajoutez le vin et laissez réduire de moitié. Ajoutez le liquide de cuisson et le bouillon. Cuire 5 minutes sans cesser de remuer.

Faites revenir les champignons séparément avec un peu d'ail haché, ajoutez-les à la sauce et portez à ébullition. Servir la pintade avec la sauce.

ASTUCE

Pour les occasions spéciales, vous pouvez farcir la pintade de pommes, de foie, de viande hachée et de noix.

 AVES

POITRINE DE POULET VILLAROY FARCIE DE PIQUILLOS CARAMÉLISÉS AU VINAIGRE DE MODÈNE

INGRÉDIENTS

4 filets de poitrine de poulet

100 g de beurre

100 g de farine

1 litre de lait

1 boîte de poivrons piquillos

1 verre de vinaigre de Modène

½ verre de sucre

noix de muscade

Oeuf et chapelure (pour badigeonner)

huile d'olive

sel et poivre

Processus

Faites revenir le beurre et la farine à feu doux pendant 10 minutes. Ajoutez ensuite le lait et laissez cuire 20 minutes en remuant constamment. Ajoutez les épices et la muscade. Laisser refroidir.

Pendant ce temps, caramélisez les poivrons avec le vinaigre et le sucre jusqu'à ce que le vinaigre commence (commence tout juste) à épaissir.

Assaisonnez les filets de sel et de poivre et remplissez-les de piment piquillo. Roulez les magrets dans du film alimentaire comme s'il s'agissait de bonbons très serrés, fermez-les et faites-les bouillir dans l'eau pendant 15 minutes.

Une fois cuits, badigeonnez toutes les faces de sauce béchamel et trempez-les dans l'œuf battu et la chapelure. Faire frire dans suffisamment d'huile.

ASTUCE

Si vous ajoutez quelques cuillerées de curry lors de la cuisson de la farine pour la sauce béchamel, le résultat sera différent et très riche.

Filet de poulet farci au bacon, champignons et fromage

INGRÉDIENTS

4 filets de poitrine de poulet

100 g de champignons

4 tranches de bacon fumé

2 cuillères à soupe de moutarde

6 cuillères à soupe de crème

1 oignon

1 gousse d'ail

fromage en tranches

huile d'olive

sel et poivre

Processus

Assaisonnez les filets de poulet. Nettoyez les champignons et coupez-les en quartiers.

Faites dorer le bacon et faites revenir les champignons hachés avec l'ail à feu vif.

Remplissez les filets de bacon, de fromage et de champignons et fermez-les parfaitement avec un film alimentaire comme s'il s'agissait de bonbons. Cuire dans l'eau bouillante pendant 10 minutes. Retirez le film et le fil.

Par contre faites revenir l'oignon émincé, ajoutez la crème et la moutarde, laissez cuire 2 minutes et mélangez. Cuire le poulet

ASTUCE

Le film alimentaire résiste aux températures élevées et n'ajoute aucune saveur aux aliments.

POULET AU VIN DOUX AUX PRUNES

INGRÉDIENTS

1 gros poulet

100 g de prunes dénoyautées

½ litre de bouillon de poulet

½ bouteille de vin doux

1 oignon nouveau

2 carottes

1 gousse d'ail

1 cuillère à soupe de farine

huile d'olive

sel et poivre

Processus

Assaisonnez le poulet haché dans une poêle chaude avec de l'huile et faites-le frire. Retirer et réserver.

Dans la même huile, faire revenir les oignons verts, l'ail et les carottes hachées. Une fois les légumes bien cuits, ajoutez la farine et laissez cuire encore une minute.

Versez le vin doux et augmentez le feu jusqu'à ce qu'il soit presque complètement réduit. Ajoutez le bouillon et ajoutez à nouveau le poulet et les pruneaux.

Cuire environ 15 minutes ou jusqu'à ce que le poulet soit bien cuit. Retirez le poulet et mélangez la sauce. Ajoutez-le à la pincée de sel.

ASTUCE

Si vous ajoutez un peu de beurre froid à la sauce hachée et que vous la mélangez avec un fouet, vous obtiendrez plus d'épaisseur et de brillance.

POITRINE DE POULET ORANGE AUX NOIX DE CAJOU

INGRÉDIENTS

4 filets de poulet

75 g de noix de cajou

2 verres de jus d'orange naturel

4 cuillères à soupe de miel

2 cuillères à soupe de Cointreau

Farine

huile d'olive

sel et poivre

Processus

Assaisonner et fariner les magrets. Faire frire dans suffisamment d'huile, retirer et réserver.

Faites bouillir le jus d'orange avec le Cointreau et le miel pendant 5 minutes. Ajouter les magrets à la sauce et cuire à feu doux pendant 8 minutes.

Servir avec de la salsa et des noix de cajou.

ASTUCE

Une autre façon de préparer une bonne sauce à l'orange est de commencer avec des bonbons pas très foncés additionnés de jus d'orange naturel.

Perdrix marinée

INGRÉDIENTS

4 perdrix

300 g d'oignons

200 g de carottes

2 verres de vin blanc

1 gousse d'ail

1 feuille de laurier

1 verre de vinaigre

1 verre d'huile

sel et 10 grains de poivre

Processus

Assaisonnez les perdrix et faites-les revenir à feu vif. Décollez et réservez.

Faites revenir les carottes et les oignons en julienne dans la même huile. Lorsque les légumes sont tendres, ajoutez le vin, le vinaigre, les grains de poivre, le sel, l'ail et les feuilles de laurier. Cuire au four 10 minutes.

Ajoutez à nouveau la perdrix et laissez cuire encore 10 minutes à feu doux.

ASTUCE

Pour donner plus de saveur à la viande ou au poisson mariné, il est préférable de le laisser reposer au moins 24 heures.

POULET CACCIATORE

INGRÉDIENTS

1 poulet haché

50 g de champignons émincés

½ litre de bouillon de poulet

1 verre de vin blanc

4 tomates râpées

2 carottes

2 gousses d'ail

1 poireau

½ oignon

1 bouquet d'herbes aromatiques (thym, romarin, laurier...)

huile d'olive

sel et poivre

Processus

Assaisonnez le poulet avec un filet d'huile dans une poêle très chaude et faites-le frire. Retirer et réserver.

Faites revenir les carottes, l'ail, le poireau et les oignons émincés dans la même huile. Ajoutez ensuite la tomate râpée. Faites frire jusqu'à ce que la tomate perde son eau. Remettez le poulet.

Faites revenir les champignons séparément et ajoutez-les au ragoût. Mouiller avec un verre de vin et laisser évaporer.

Versez le bouillon et ajoutez les herbes aromatiques. Cuire jusqu'à ce que le poulet soit cuit. Corrigez le sel.

ASTUCE

Ce plat peut également être préparé avec de la dinde et même du lapin.

AILES DE POULET FAÇON COCA-COLA

INGRÉDIENTS

1 kg d'ailes de poulet

½ litre de Coca-Cola

4 cuillères à soupe de cassonade

2 cuillères à soupe de sauce soja

1 cuillère rase d'origan

½ citron

sel et poivre

Processus

Mettez le Coca-Cola, le sucre, le soja, l'origan et le jus d'un demi citron dans une casserole et laissez cuire 2 minutes.

Coupez les ailes en deux et assaisonnez. Faites-les cuire au four à 160°C jusqu'à ce qu'ils soient dorés. Ajoutez ensuite la moitié de la sauce et retournez les ailes. Retournez-les toutes les 20 minutes.

Lorsque la sauce est presque réduite, ajoutez l'autre moitié et poursuivez la cuisson jusqu'à ce que la sauce soit épaisse.

ASTUCE

L'ajout d'un brin de vanille lors de la préparation rehausse la saveur et donne à la sauce une touche caractéristique.

POULET À L'AIL

INGRÉDIENTS

1 poulet haché

8 gousses d'ail

1 verre de vin blanc

1 cuillère à soupe de farine

1 poivre de Cayenne

Vinaigre

huile d'olive

sel et poivre

Processus

Assaisonnez le poulet et faites-le bien revenir. Conservez l'huile et laissez-la tempérer.

Coupez les gousses d'ail en cubes et ajoutez l'ail et le poivre de Cayenne (cuire dans l'huile, ne pas faire frire) sans les faire dorer.

Versez le vin et laissez cuire à feu doux jusqu'à ce que le vin atteigne une certaine densité, mais ne soit pas sec.

Ajoutez ensuite le poulet et ajoutez progressivement la cuillère à café de farine. Mélangez (vérifiez si l'ail colle au poulet ; sinon, ajoutez un peu plus de farine jusqu'à ce que ça colle un peu).

Couvrir et remuer de temps en temps. Cuire à feu doux pendant 20 minutes. Terminez avec un filet de vinaigre et laissez cuire encore une minute.

ASTUCE

La poêle à poulet est indispensable. Il doit être chauffé à très haute température pour qu'il reste doré à l'extérieur et juteux à l'intérieur.

POULET CHILINDRON

INGRÉDIENTS

1 petit poulet haché

350 g de jambon Serrano haché

1 boîte de 800 g de tomates pelées

1 gros poivron rouge

1 gros poivron vert

1 gros oignon

2 gousses d'ail

thym

1 verre de vin blanc ou rouge

Sucre

huile d'olive

sel et poivre

Processus

Assaisonnez le poulet et faites-le frire à feu vif jusqu'à ce qu'il soit doré. Retirer et réserver.

Dans la même huile, faire revenir le poivron, l'ail et l'oignon coupés en morceaux moyens. Lorsque les légumes sont dorés, ajoutez le jambon et faites revenir encore 10 minutes.

Remettez le poulet et ajoutez le vin. Cuire à feu vif pendant 5 minutes et ajouter la tomate et le thym. Réduire le feu et cuire encore 30 minutes. Corriger le sel et le sucre.

ASTUCE

La même recette peut également être réalisée avec des boulettes de viande. Il ne reste plus rien dans l'assiette !

Cailles marinées et fruits rouges

INGRÉDIENTS

4 cailles

150 g de fruits rouges

1 verre de vinaigre

2 verres de vin blanc

1 carotte

1 poireau

1 gousse d'ail

1 feuille de laurier

Farine

1 verre d'huile

Sel et poivre

Processus

Farinez les cailles, assaisonnez-les et faites-les revenir dans une poêle. Retirer et réserver.

Faites revenir les carottes et les poireaux coupés en bâtonnets ainsi que l'ail émincé dans la même huile. Lorsque les légumes sont tendres, ajoutez l'huile, le vinaigre et le vin.

Ajoutez la feuille de laurier et le poivre. Salez et faites cuire avec les fruits rouges pendant 10 minutes.

Ajouter les cailles et cuire encore 10 minutes jusqu'à ce qu'elles soient bien cuites. Couvrir et laisser reposer loin du feu.

ASTUCE

Cette marinade, associée à la viande de caille, constitue un délicieux assaisonnement et accompagne une bonne laitue.

POULET AU CITRON

INGRÉDIENTS

1 poulet

30 g de sucre

25 g de beurre

1 litre de bouillon de poulet

1 dl de vin blanc

Jus de 3 citrons

1 oignon

1 poireau

huile d'olive

sel et poivre

Processus

Coupez le poulet et assaisonnez. Faire frire à feu vif et retirer.

Épluchez l'oignon, nettoyez le poireau et coupez-le en julienne. Faites frire les légumes dans la même huile que celle utilisée pour cuire le poulet. Égouttez le vin et laissez-le s'évaporer.

Ajoutez le jus de citron, le sucre et le bouillon. Cuire 5 minutes et ajouter à nouveau le poulet. Cuire encore 30 minutes à feu doux. Corrigez le sel et le poivre.

ASTUCE

Pour rendre la sauce plus fine et sans morceaux de légumes, il vaut mieux la hacher.

POULET SAN JACOBO AVEC SERRANOHAM, TARTA DEL CASAR ET ROQUÉE

INGRÉDIENTS

8 filets de poulet fins

150 g de gâteau de mariage

100 grammes de roquette

4 tranches de jambon serrano

Farine, œufs et céréales (pour badigeonner)

huile d'olive

sel et poivre

Processus

Assaisonnez les filets de poulet et saupoudrez-les de fromage. Placez la roquette et le jambon serrano dessus et recouvrez-en un autre pour terminer. Faites de même avec le reste.

Trempez-les dans la farine, l'œuf battu et le blé haché. Faire revenir dans beaucoup d'huile chaude pendant 3 minutes.

ASTUCE

Il peut être répandu avec du pop-corn écrasé, avec des Kikos et même avec des petits vers. Le résultat est très drôle.

POULET AU CURRY AU FOUR

INGRÉDIENTS

4 cuisses de poulet (par personne)

1 litre de crème

1 ciboulette ou oignon

2 cuillères à soupe de curry

4 yaourts nature

salé

Processus

Coupez l'oignon en petits morceaux et mélangez-le dans un bol avec le yaourt, la crème et le curry. Avec du sel.

Coupez le poulet en plusieurs morceaux et laissez-le mariner dans la sauce au yaourt pendant 24 heures.

Enfourner 90 minutes à 180°C, retirer le poulet et servir avec la sauce chantilly.

ASTUCE

S'il vous reste de la sauce, vous pouvez l'utiliser pour réaliser de délicieuses boulettes de viande.

POULET AU VIN ROUGE

INGRÉDIENTS

1 poulet haché

½ litre de vin rouge

1 branche de romarin

1 branche de thym

2 gousses d'ail

2 poireaux

1 poivron rouge

1 carotte

1 oignon

Soupe au poulet

Farine

huile d'olive

sel et poivre

Processus

Assaisonnez le poulet et faites-le dorer dans une poêle chaude. Retirer et réserver.

Coupez les légumes en petits morceaux et faites-les revenir dans la même huile dans laquelle le poulet a été frit.

Versez le vin, ajoutez les herbes aromatiques et laissez cuire à feu vif environ 10 minutes jusqu'à évaporation du liquide. Mélangez à nouveau le poulet et arrosez-le avec le bouillon jusqu'à ce qu'il soit recouvert. Cuire encore 20 minutes ou jusqu'à ce que la viande soit bien cuite.

ASTUCE

Si vous souhaitez une sauce plus fine et sans morceaux, mixez la sauce et filtrez-la.

POULET FRIT À LA BIÈRE NOIRE

INGRÉDIENTS

4 cuisses de poulet

750 ml de bière forte

1 cuillère à soupe de cumin

1 branche de thym

1 branche de romarin

2 oignons

3 gousses d'ail

1 carotte

sel et poivre

Processus

Coupez l'oignon, la carotte et l'ail en julienne. Étalez le thym et le romarin au fond d'une plaque à pâtisserie et déposez dessus les oignons, les carottes et l'ail. puis les cuisses de poulet, côté peau vers le bas, assaisonnées et saupoudrées de cumin. Cuire au four environ 45 minutes à 175°C.

Au bout de 30 minutes, ajoutez la bière, retournez le fond et laissez cuire encore 45 minutes. Une fois le poulet frit, retirez-le de la poêle et mélangez la sauce.

ASTUCE

Placer 2 tranches de pommes au centre du rôti et les mélanger avec le reste de la sauce fera ressortir encore plus la saveur.

DÉTAIL DU CHOCOLAT

INGRÉDIENTS

4 perdrix

½ litre de bouillon de poulet

½ verre de vin rouge

1 branche de romarin

1 branche de thym

1 oignon nouveau

1 carotte

1 gousse d'ail

1 tomate râpée

Chocolat

huile d'olive

sel et poivre

Processus

Assaisonner et faire revenir les perdrix. Réservations.

Faites revenir la carotte hachée, l'ail et l'oignon nouveau dans la même huile à feu moyen. Augmentez le feu et ajoutez la tomate. Cuire jusqu'à ce que l'eau soit perdue. Égouttez le vin et laissez-le s'évaporer presque complètement.

Ajoutez le bouillon et ajoutez les herbes aromatiques. Cuire à feu doux jusqu'à ce que les perdrix soient cuites. Corrigez le sel. Retirer du feu et ajouter du chocolat si vous le souhaitez. Supprimer.

ASTUCE

Pour donner une touche épicée au plat, vous pouvez ajouter du poivre de Cayenne et, si vous le souhaitez plus croquant, ajouter des noisettes ou des amandes grillées.

Quartiers de dinde rôtis, sauce aux groseilles

INGRÉDIENTS

4 épis de dinde

250 g de fruits rouges

½ litre de vin mousseux

1 branche de thym

1 branche de romarin

3 gousses d'ail

2 poireaux

1 carotte

huile d'olive

sel et poivre

Processus

Nettoyez le poireau, les carottes et l'ail et coupez-les en julienne. Disposez ces légumes sur une plaque allant au four, avec le thym, le romarin et les fruits rouges.

Disposez dessus les quartiers de dinde, arrosez d'un filet d'huile et côté peau vers le bas. Cuire au four 1 heure à 175°C.

Humidifiez avec du cava après 30 minutes. Retourner la viande et faire griller encore 45 minutes. Une fois le temps écoulé, retirez-le du bol. Broyer, filtrer et saler la sauce.

ASTUCE

La dinde est prête lorsque les cuisses et le bas des cuisses peuvent être facilement retirés.

POULET FRIT À LA SAUCE AUX PÊCHES

INGRÉDIENTS

4 cuisses de poulet

½ litre de vin blanc

1 branche de thym

1 branche de romarin

3 gousses d'ail

2 pêches

2 oignons

1 carotte

huile d'olive

sel et poivre

Processus

Coupez l'oignon, la carotte et l'ail en julienne. Épluchez les pêches, coupez-les en deux et retirez le noyau.

Étalez le thym et le romarin au fond d'une plaque à pâtisserie, ainsi que la carotte, l'oignon et l'ail. Déposer dessus le bacon poivré, arroser d'huile et cuire au four, peau vers le bas, à 350°F (175°C) pendant environ 45 minutes.

Au bout de 30 minutes, arrosez de vin blanc, retournez et laissez cuire encore 45 minutes. Une fois le poulet frit, retirez-le de la poêle et mélangez la sauce.

ASTUCE

Des pommes ou des poires peuvent être ajoutées au rôti. La sauce sera délicieuse.

FILET DE POULET FARCI AUX ÉPINARDS ET MOZZARELLA

INGRÉDIENTS

8 filets de poulet fins

200 g d'épinards frais

150 g de mozzarella

8 feuilles de basilic

1 cuillère à café de cumin moulu

Farine, œufs et chapelure (pour enrober)

huile d'olive

sel et poivre

Processus

Assaisonnez les poitrines des deux côtés. Disposez dessus les épinards, le fromage haché et le basilic haché et recouvrez d'un autre filet. Mélangez la farine, l'œuf battu et un mélange de chapelure et de cumin.

Faites frire quelques minutes de chaque côté et retirez l'excédent d'huile sur du papier absorbant.

ASTUCE

Le complément parfait est une bonne sauce tomate. Ce plat peut être préparé avec de la dinde et même du filet frais.

POULET Rôti AU CAVA

INGRÉDIENTS

4 cuisses de poulet

1 bouteille de vin mousseux

1 branche de thym

1 branche de romarin

3 gousses d'ail

2 oignons

huile d'olive

sel et poivre

Processus

Coupez l'oignon et l'ail en Juliana. Disposez le thym et le romarin au fond d'un plat à four, déposez dessus les oignons et l'ail puis les poivrons, côté peau vers le bas. Cuire au four environ 45 minutes à 175°C.

Au bout de 30 minutes, ajoutez le cava, retournez le fond et laissez cuire encore 45 minutes. Une fois le poulet frit, retirez-le de la poêle et mélangez la sauce.

ASTUCE

Une autre variante de la même recette consiste à la préparer avec du Lambrusco ou du vin doux.

BROCHETTES DE POULET À LA SAUCE ARACHIDES

INGRÉDIENTS

600 g de filet de poulet

150 g de cacahuètes

500 ml de bouillon de poulet

200 ml de crème

3 cuillères à soupe de sauce soja

3 cuillères à soupe de miel

1 cuillère à soupe de curry

1 poivre de Cayenne, haché grossièrement

1 cuillère à soupe de jus de citron vert

huile d'olive

sel et poivre

Processus

Hachez très bien les cacahuètes jusqu'à ce qu'elles forment une pâte. Mélangez le jus de citron vert, le bouillon, le soja, le miel, la poudre de curry, le sel et le poivre dans un bol. Coupez les magrets en morceaux et laissez-les mariner dans ce mélange toute la nuit.

Retirez le poulet et enfilez-le sur les brochettes. Faites bouillir le mélange précédent avec la crème à feu doux pendant 10 minutes.

Faire revenir les brochettes dans une poêle à feu moyen et servir avec la sauce dessus.

ASTUCE

Ils peuvent être préparés avec des pilons de poulet. Mais au lieu de les faire dorer dans une poêle, faites-les rôtir au four avec la sauce dessus.

POULET AU PEPITOIRE

INGRÉDIENTS

1½ kg de poulet

250 g d'oignon

50 g d'amandes grillées

25 g de pain cuit

½ litre de bouillon de poulet

¼ l de bon vin

2 gousses d'ail

2 feuilles de laurier

2 oeufs durs

1 cuillère à soupe de farine

14 brins de safran

150 g d'huile d'olive

sel et poivre

Processus

Coupez le poulet en petits morceaux et assaisonnez. Or et réserves.

Coupez l'oignon et l'ail en petits morceaux et faites-les revenir dans la même huile dans laquelle le poulet a été cuit. Ajoutez la farine et faites cuire à feu doux pendant 5 minutes. Égouttez le vin et laissez-le s'évaporer.

Ajoutez le bouillon jusqu'à la limite de sel et laissez cuire encore 15 minutes. Ajoutez ensuite le poulet réservé ainsi que les feuilles de laurier et faites cuire jusqu'à ce que le poulet soit cuit.

Rôtissez le safran séparément et mettez-le dans le mortier avec le pain cuit, les amandes et le jaune d'œuf. Réduire en purée jusqu'à formation d'une pâte et ajouter au ragoût de poulet. Cuire encore 5 minutes.

ASTUCE

Il n'y a pas de meilleur complément à cette recette qu'un bon riz pilaf. Il peut être servi avec des blancs d'œufs hachés et un peu de persil haché dessus.

POULET À L'ORANGE

INGRÉDIENTS

1 poulet

25 g de beurre

1 litre de bouillon de poulet

1 dl de vin rosé

2 cuillères à soupe de miel

1 branche de thym

2 carottes

2 oranges

2 poireaux

huile d'olive

sel et poivre

Processus

Assaisonnez le poulet haché et faites-le revenir dans l'huile d'olive à feu vif. Décollez et réservez.

Épluchez les carottes et le poireau, nettoyez-les et coupez-les en julienne. Faire frire dans la même huile dans laquelle le poulet a été doré. Versez le vin et faites cuire à feu vif jusqu'à ce que le liquide ait réduit.

Ajoutez le jus d'orange, le miel et le bouillon. Cuire 5 minutes et ajouter à nouveau les morceaux de poulet. Cuire à feu doux pendant 30 minutes. Ajouter le beurre froid et assaisonner de sel et de poivre.

ASTUCE

Vous pouvez laisser de côté une belle poignée de noix et les ajouter au ragoût en fin de cuisson.

Ragoût de poulet aux cèpes

INGRÉDIENTS

1 poulet

200 g de jambon serrano

200 g de cèpes

50 g de beurre

600 ml de bouillon de poulet

1 verre de vin blanc

1 branche de thym

1 gousse d'ail

1 carotte

1 oignon

1 tomate

huile d'olive

sel et poivre

Processus

Coupez le poulet en morceaux, assaisonnez-le et faites-le revenir dans du beurre et un filet d'huile. Décollez et réservez.

Faites revenir l'oignon, la carotte et l'ail en petits morceaux et le jambon en cubes dans la même graisse. Augmentez le feu et ajoutez les cèpes hachés. Faire bouillir pendant 2 minutes, ajouter la tomate râpée et cuire jusqu'à ce que toute l'eau soit perdue.

Ajoutez à nouveau les morceaux de poulet et versez le vin. Laissez réduire jusqu'à ce que la sauce soit presque sèche. Versez le bouillon et ajoutez le thym. Laisser mijoter pendant 25 minutes ou jusqu'à ce que le poulet soit bien cuit. Corrigez le sel.

ASTUCE

Utilisez des champignons de saison ou séchés.

PÂTISSERIE DE POULET AUX NOIX ET SOJA

INGRÉDIENTS

3 filets de poulet

70 g de raisins secs

30 g d'amandes

30 g de noix de cajou

30 g de noix

30 g de noisettes

1 tasse de bouillon de poulet

3 cuillères à soupe de sauce soja

2 gousses d'ail

1 poivre de Cayenne

1 citron

gingembre

huile d'olive

sel et poivre

Processus

Coupez les magrets en morceaux, assaisonnez-les et faites-les revenir dans une poêle à feu vif. Décollez et réservez.

Faites revenir les noix dans cette huile avec l'ail râpé, un petit morceau de gingembre râpé, le poivre de Cayenne et le zeste de citron.

Ajouter les raisins secs, les poitrines réservées et les graines de soja. Cuire 1 minute et ajouter le bouillon. Cuire encore 6 minutes à feu moyen, en ajoutant du sel si nécessaire.

ASTUCE

L'utilisation de sel est pratiquement inutile car il provient presque exclusivement du soja.

POULET AU CHOCOLAT AVEC ALMEDRAS FRITS

INGRÉDIENTS

1 poulet

60 g de chocolat noir râpé

1 verre de vin rouge

1 branche de thym

1 branche de romarin

1 feuille de laurier

2 carottes

2 gousses d'ail

1 oignon

bouillon de poulet (ou eau)

Amandes grillées

Huile d'olive vierge extra

sel et poivre

Processus

Coupez le poulet en morceaux, assaisonnez-le et faites-le revenir jusqu'à ce qu'il soit doré dans une poêle chaude. Décollez et réservez.

Dans la même huile, faites revenir à feu doux les oignons, les carottes et les gousses d'ail hachées.

Ajoutez la feuille de laurier et les brins de thym et de romarin. Versez le vin et le bouillon et laissez cuire à feu doux pendant 40 minutes. Salez et retirez le poulet.

Versez la sauce dans un mixeur et remettez-la dans la casserole. Ajoutez le poulet et le chocolat et remuez jusqu'à ce que le chocolat fonde. Cuire encore 5 minutes pour mélanger les saveurs.

ASTUCE

Terminez par des amandes grillées. L'ajout de poivre de Cayenne ou de piment lui donne une touche épicée.

BROCHETTES D'AGNEAU AU VINAIGRETE DE POIVRON ET MOUTARDE

INGRÉDIENTS

350 g d'agneau

2 cuillères à soupe de vinaigre

1 cuillère rase de paprika en poudre

1 cuillère à soupe rase de moutarde

1 cuillère à soupe rase de sucre

1 tasse de tomates cerises

1 poivron vert

1 poivron rouge

1 petit oignon nouveau

1 oignon

5 cuillères à soupe d'huile d'olive

sel et poivre

Processus

Nettoyez les légumes, sauf les oignons nouveaux, et coupez-les en carrés moyens. Coupez l'agneau en cubes de taille égale. Assemblez les brochettes et déposez dessus un morceau de viande et un morceau de légume. Saison. Faire revenir dans une poêle très chaude avec un filet d'huile pendant 1 à 2 minutes de chaque côté.

Mélangez séparément la moutarde, le paprika, le sucre, l'huile, le vinaigre et la ciboulette hachée dans un bol. Salez et émulsionnez.

Servir les brochettes fraîchement préparées avec un peu de sauce paprika.

ASTUCE

Vous pouvez également ajouter 1 cuillère à soupe de curry en poudre et un peu de zeste de citron à la vinaigrette.

Nageoires de veau farcies au porto

INGRÉDIENTS

1 kg de nageoires de veau (ouvertes comme un livre à remplir)

350 grammes de porc haché

1kg de carottes

1 kg d'oignons

100 g de pignons de pin

1 petite boîte de piments piquillos

1 boîte d'olives noires

1 paquet de bacon

1 gousse d'ail

2 feuilles de laurier

Porto

Soupe à la viande

huile d'olive

Sel et poivre

Processus

Assaisonnez la nageoire des deux côtés. Remplissez de porc, de pignons de pin, de poivrons hachés, d'olives en quartiers et de dés de bacon. Enroulez-le et placez-le dans un filet ou attachez-le avec du fil de bride. Faire revenir à feu très vif, retirer et réserver.

Coupez les carottes, l'oignon et l'ail en brunoise et faites-les revenir dans la même huile dans laquelle le veau a été frit. Remettez l'aileron. Ajoutez une goutte de porto et du bouillon de viande jusqu'à ce que tout soit couvert. Ajoutez 8 grains de poivre et les feuilles de laurier. Couvrir et laisser cuire à feu doux pendant 40 minutes. Retournez toutes les 10 minutes. Une fois la viande tendre, sortez-la et mélangez la sauce.

ASTUCE

Le porto peut être remplacé par n'importe quel autre vin ou champagne.

BOULETTES DE VIANDE MADRILEÑA

INGRÉDIENTS

1 kg de viande hachée

500 grammes de porc haché

500 g de tomates mûres

150 g d'oignons

100 g de champignons

1 l de bouillon de viande (ou d'eau)

2 dl de vin blanc

2 cuillères à soupe de persil frais

2 cuillères à soupe de chapelure

1 cuillère à soupe de farine

3 gousses d'ail

2 carottes

1 feuille de laurier

1 oeuf

Sucre

huile d'olive

sel et poivre

Processus

Mélangez les deux types de viande avec le persil haché, 2 gousses d'ail coupées en dés, la chapelure, l'œuf, le sel et le poivre. Formez des boules et faites-les revenir dans une poêle. Retirer et réserver.

Faites revenir l'oignon avec l'autre ail dans la même huile, ajoutez la farine et faites revenir. Ajoutez les tomates et laissez cuire encore 5 minutes. Ajoutez le vin et laissez cuire encore 10 minutes. Ajoutez le bouillon et laissez cuire encore 5 minutes. Hachez finement le sel et le sucre et rectifiez. Cuire les boulettes de viande avec les feuilles de laurier dans la sauce pendant 10 minutes.

Nettoyez les carottes et les champignons séparément, épluchez-les et coupez-les en cubes. Faire revenir 2 minutes avec un filet d'huile et ajouter au ragoût de boulettes de viande.

ASTUCE

Pour rendre le mélange de boulettes de viande plus savoureux, ajoutez 150 g de lard ibérique frais émincé. Lors de la préparation des boules, il vaut mieux ne pas appuyer trop fort, afin qu'elles deviennent plus juteuses.

FROMAGE DE BOEUF AU CHOCOLAT

INGRÉDIENTS

8 joues de boeuf

½ litre de vin rouge

6 onces de chocolat

2 gousses d'ail

2 tomates

2 poireaux

1 branche de céleri

1 carotte

1 oignon

1 branche de romarin

1 branche de thym

Farine

bouillon de viande (ou eau)

huile d'olive

sel et poivre

Processus

Assaisonnez les joues et faites-les revenir dans une poêle bien chaude. Retirer et réserver.

Coupez les légumes en brunoise et faites-les revenir dans la même poêle dans laquelle les joues ont été frites.

Lorsque les légumes sont tendres, ajoutez les tomates cerises râpées et laissez cuire jusqu'à ce que toute l'eau soit perdue. Ajoutez le vin et les herbes aromatiques et laissez cuire 5 minutes. Faire bouillir et ajouter le bouillon de bœuf jusqu'à ce qu'il soit couvert.

Cuire jusqu'à ce que les joues soient très tendres, ajouter du chocolat au goût, mélanger et assaisonner de sel et de poivre.

ASTUCE

La sauce peut être hachée ou laissée avec les légumes entiers.

TARTE AU PORC CONFIÉ SAUCE AU VIN DOUCE

INGRÉDIENTS

½ cochon de lait haché

1 verre de vin doux

2 brins de romarin

2 brins de thym

4 gousses d'ail

1 petite carotte

1 petit oignon

1 tomate

huile d'olive délicate

De gros sel

Processus

Étalez le cochon de lait sur une plaque allant au four et salez-le des deux côtés. Ajouter l'ail pressé et les herbes. Badigeonner d'huile et cuire 5 heures à 100°C. Faites-le ensuite chauffer et désossez-le en enlevant la viande et la peau.

Placer du papier sulfurisé sur une plaque à pâtisserie. Divisez le porc et placez la peau dessus (au moins 2 doigts de hauteur). Placez un autre morceau de papier sulfurisé dessus et placez-le au réfrigérateur avec un petit poids dessus.

Pendant ce temps, préparez un bouillon foncé. Coupez les os et les légumes en morceaux de taille moyenne. Rôtir les os à 185°C pendant 35 minutes, répartir les légumes sur les côtés et cuire encore 25 minutes. Retirer du four et arroser de vin. Mettez le tout dans une casserole et couvrez d'eau froide. Cuire à feu très doux pendant 2 heures. Filtrer et chauffer jusqu'à ce que le mélange épaississe légèrement. Dégraissage.

Coupez le gâteau en portions et faites-le revenir dans une poêle chaude, côté peau vers le bas, jusqu'à ce qu'il soit croustillant. Cuire au four 3 minutes à 180°C.

ASTUCE

C'est un plat plutôt élaboré que difficile, mais le résultat est spectaculaire. La seule astuce pour éviter qu'elle ne se gâte est de servir la sauce à côté de la viande plutôt que sur le dessus.

LES LAPIN À MARC

INGRÉDIENTS

1 lapin haché

80 g d'amandes

1 litre de bouillon de poulet

Perdre 400 ml de poids

200 ml de crème

1 branche de romarin

1 branche de thym

2 oignons

2 gousses d'ail

1 carotte

10 fils de safran

sel et poivre

Processus

Coupez le lapin en morceaux, assaisonnez-le et faites-le frire. Décollez et réservez.

Faites revenir les carottes, les oignons et l'ail haché dans la même huile. Ajoutez le safran et les amandes et laissez cuire 1 minute.

Augmentez le feu et ajoutez le marc. Flambé Ajoutez à nouveau le lapin et ajoutez le bouillon. Ajoutez les brins de thym et de romarin.

Cuire jusqu'à ce que le lapin soit bien cuit, environ 30 minutes, et ajouter la crème. Cuire encore 5 minutes et assaisonner de sel.

ASTUCE

Flambéer signifie brûler l'alcool d'un spiritueux. Assurez-vous que la hotte aspirante est éteinte.

BOULETTES DE VIANDE SAUCE POIVRON-NOISETTES

INGRÉDIENTS

750 g de viande hachée

750 grammes de porc haché

250 g d'oignon

60 g de noisettes

25 g de pain cuit

½ litre de bouillon de poulet

¼ litre de vin blanc

10 fils de safran

2 cuillères à soupe de persil frais

2 cuillères à soupe de chapelure

4 gousses d'ail

2 oeufs durs

1 œuf frais

2 feuilles de laurier

150 g d'huile d'olive

sel et poivre

Processus

Mélangez la viande, le persil haché, les cubes d'ail, la chapelure, l'œuf, le sel et le poivre dans un bol. Fariner et faire revenir dans une poêle à feu moyen. Décollez et réservez.

Dans la même huile, faites revenir à feu doux l'oignon et les deux autres gousses d'ail coupées en dés. Égouttez le vin et laissez-le s'évaporer. Ajouter le bouillon et cuire 15 minutes. Ajoutez les boulettes de viande à la sauce avec les feuilles de laurier et laissez cuire encore 15 minutes.

Rôtissez le safran séparément et écrasez-le avec le pain cuit, les noisettes et le jaune d'œuf dans le mortier jusqu'à obtenir une pâte lisse. Ajouter au ragoût et cuire encore 5 minutes.

ASTUCE

Servir avec du blanc d'oeuf haché et un peu de persil.

Escalope de veau à la bière noire

INGRÉDIENTS

4 steaks

125 g de champignons shiitake

1/3 litre de bière noire

1 dl de bouillon de viande

1 dl de crème

1 carotte

1 oignon nouveau

1 tomate

1 branche de thym

1 branche de romarin

Farine

huile d'olive

sel et poivre

Processus

Assaisonner et fariner les filets. Faire revenir légèrement dans une poêle avec un filet d'huile. Retirer et réserver.

Faites revenir les oignons nouveaux et les carottes coupés en dés dans la même huile. Une fois cuite, ajoutez la tomate râpée et laissez cuire jusqu'à ce que la sauce soit presque sèche.

Versez la bière, laissez l'alcool s'évaporer 5 minutes à feu moyen et ajoutez le bouillon, les herbes aromatiques et les filets. Cuire pendant 15 minutes ou jusqu'à tendreté.

Faites frire les champignons en filets séparément à feu vif et ajoutez-les au ragoût. Corrigez le sel.

ASTUCE

Les filets ne doivent pas être cuits trop longtemps, sinon ils deviendront très durs.

Tripes À LA MADRILEÑA

INGRÉDIENTS

1 kg de tripes propres

2 pattes de cochon

25 g de farine

1 dl de vinaigre

2 cuillères à soupe de paprika en poudre

2 feuilles de laurier

2 oignons (1 haché)

1 gousse d'ail

1 piment

2 dl d'huile d'olive

20 g de sel

Processus

Blanchir les tripes et les pattes de porc dans une casserole d'eau froide. Une fois qu'il commence à bouillir, faites-le cuire 5 minutes.

Égoutter et remplacer par de l'eau propre. Ajouter l'oignon poivré, le piment, la gousse d'ail et les feuilles de laurier. Ajoutez plus d'eau si nécessaire pour bien couvrir et faites cuire à feu doux, à couvert, pendant 4 heures ou jusqu'à ce que les pieds et les tripes soient cuits.

Lorsque les tripes sont prêtes, retirez l'oignon poivré, le laurier et le piment. Retirez également les pieds, désossez-les et coupez-les en morceaux à peu près de la même taille que les tripes. Remettez-le dans le pot.

Faites revenir à part l'autre oignon coupé en brunoise, ajoutez le poivre et 1 cuillère à soupe de farine. Ajouter au ragoût après la cuisson. Faire bouillir 5 minutes, saler et épaissir si nécessaire.

ASTUCE

Cette recette sera plus savoureuse si elle est préparée un jour ou deux à l'avance. Vous pouvez également ajouter des pois chiches cuits et obtenir un plat de légumineuses de qualité supérieure.

LONGE DE PORC Rôtie AUX POMMES ET MENTHE

INGRÉDIENTS

800 g de filet de porc frais

500 g de pommes

60g de sucre

1 verre de vin blanc

1 verre de cognac

10 feuilles de menthe

1 feuille de laurier

1 gros oignon

1 carotte

huile d'olive

sel et poivre

Processus

Assaisonnez les longes de sel et de poivre et faites-les frire à feu vif. Décollez et réservez.

Faites revenir les oignons et les carottes nettoyés et finement hachés dans cette huile. Épluchez les pommes et retirez le trognon.

Disposez le tout sur une plaque allant au four, versez l'alcool et ajoutez la feuille de laurier. Cuire au four 90 minutes à 185°C.

Retirez les pommes et les légumes et mélangez-les avec le sucre et la menthe. Fileter la longe, badigeonner du liquide de cuisson et servir la compote de pommes.

ASTUCE

Pendant la cuisson, ajoutez un peu d'eau dans la poêle pour éviter que la longe ne se dessèche.

BOULETTES DE POULET AVEC SAUCE FRAMBOISE

INGRÉDIENTS

Pour les boulettes de viande

1 kg de poulet haché

1 dl de lait

2 cuillères à soupe de chapelure

2 oeufs

1 gousse d'ail

Vin de Xérès

Farine

Persil haché

huile d'olive

sel et poivre

Pour la sauce aux framboises

200 g de confiture de framboise

½ litre de bouillon de poulet

1 ½ dl de vin blanc

½ dl de sauce soja

1 tomate

2 carottes

1 gousse d'ail

1 oignon

salé

Processus

Pour les boulettes de viande

Mélangez la viande avec la chapelure, le lait, les œufs, la gousse d'ail finement hachée, le persil et un filet de vin. Assaisonner de sel et de poivre et laisser reposer 15 minutes.

Formez des petites boules de pâte et roulez-les dans la farine. Faites frire dans l'huile et essayez d'en laisser un peu cru. Économisez de l'huile.

Pour la sauce aux framboises aigre-douce

Épluchez l'oignon, l'ail et les carottes et coupez-les en cubes. Faire frire dans la même huile dans laquelle les boulettes de viande ont été frites. Assaisonner avec une pincée de sel. Ajouter les tomates hachées sans peau et épépinées et cuire jusqu'à ce que l'eau se soit évaporée.

Verser le vin et cuire jusqu'à réduction de moitié. Ajoutez la sauce soja et le bouillon et laissez cuire encore 20 minutes jusqu'à ce que la sauce soit épaisse. Ajoutez la confiture et les boulettes de viande et laissez cuire encore 10 minutes.

ASTUCE

La confiture de framboises peut être remplacée par d'autres fruits rouges et même de la confiture.

RAGOÛT D'AGNEAU

INGRÉDIENTS

1 gigot d'agneau

1 grand verre de vin rouge

½ tasse de tomates concassées (ou 2 tomates râpées)

1 cuillère à soupe de paprika doux

2 grosses pommes de terre

1 poivron vert

1 poivron rouge

1 oignon

bouillon de viande (ou eau)

huile d'olive

sel et poivre

Processus

Hachez finement le gigot, assaisonnez-le et faites-le revenir dans une poêle très chaude. Retirer et réserver.

Faites revenir les cubes de poivron et d'oignon dans la même huile. Lorsque les légumes sont bien frits, ajoutez la cuillerée de poivre et la tomate. Poursuivez la cuisson à feu vif jusqu'à ce que la tomate perde son eau. Ajoutez ensuite à nouveau l'agneau.

Égouttez le vin et laissez-le s'évaporer. Badigeonner de bouillon de viande.

Lorsque l'agneau est cuit, ajoutez les pommes de terre cachelada (non coupées) et faites cuire jusqu'à ce que les pommes de terre soient cuites. Corrigez le sel et le poivre.

ASTUCE

Pour une sauce encore plus savoureuse, faites revenir séparément 4 piments piquillos et 1 gousse d'ail. Mélangez avec un peu de bouillon de ragoût et ajoutez-le au ragoût.

Chat civette lapin

INGRÉDIENTS

1 lapin

250 g de champignons

250 g de carottes

250 g d'oignon

100 g de lardons

¼ litre de vin rouge

3 cuillères à soupe de sauce tomate

2 gousses d'ail

2 brins de thym

2 feuilles de laurier

bouillon de viande (ou eau)

huile d'olive

sel et poivre

Processus

Coupez le lièvre et faites-le mariner 24 heures dans la carotte, l'ail et l'oignon hachés, le vin, 1 branche de thym et 1 feuille de laurier. Une fois le temps écoulé, filtrez le vin d'un côté et les légumes de l'autre.

Assaisonnez le lapin avec du sel et du poivre, faites-le revenir à feu vif jusqu'à ce qu'il soit doré et retirez-le. Faites revenir les légumes dans la même huile à feu moyen. Ajoutez la sauce tomate et faites revenir 3 minutes. Remettez le lapin. Ajoutez le vin et faites du bouillon jusqu'à ce que la viande soit recouverte. Ajoutez la branche de thym restante et le reste de feuille de laurier. Cuire jusqu'à ce que le lapin soit cuit.

Pendant ce temps, faites revenir les lardons râpés et les champignons coupés en quartiers et ajoutez-les au ragoût. Séparez séparément le foie de lapin dans un mortier et ajoutez-le également. Cuire encore 10 minutes et assaisonner de sel et de poivre.

ASTUCE

Ce plat peut être préparé avec n'importe quel animal sauvage et est encore plus savoureux s'il est préparé la veille.

LAPIN À LA PIPERRADA

INGRÉDIENTS

1 lapin

2 grosses tomates

2 oignons

1 poivron vert

1 gousse d'ail

Sucre

huile d'olive

sel et poivre

Processus

Coupez le lapin en morceaux, assaisonnez-le et faites-le revenir dans une poêle bien chaude. Décollez et réservez.

Coupez l'oignon, le poivron et l'ail en petits morceaux et faites-les revenir à feu doux pendant 15 minutes dans la même huile dans laquelle le lapin a été préparé.

Ajoutez les tomates cerises coupées en brunoise et faites cuire à feu moyen jusqu'à ce qu'elles aient perdu toute leur eau. Ajoutez du sel et du sucre si nécessaire.

Ajouter le lapin, réduire le feu à doux et cuire à couvert pendant 15 à 20 minutes, en remuant de temps en temps.

ASTUCE

Des courgettes ou des aubergines peuvent être ajoutées à la Piperrada.

Boulettes de poulet farcies au fromage et sauce curry

INGRÉDIENTS

500 g de poulet haché

Coupez 150 g de fromage en cubes

100 g de chapelure

200 ml de crème

1 tasse de bouillon de poulet

2 cuillères à soupe de curry

½ cuillère à soupe de chapelure

30 raisins secs

1 poivron vert

1 carotte

1 oignon

1 oeuf

1 citron

lait

Farine

huile d'olive

salé

Processus

Assaisonnez le poulet et mélangez-le avec la chapelure, l'œuf, 1 cuillère à soupe de curry et la chapelure imbibée de lait. Formez des boules, remplissez-les d'un cube de fromage et roulez-les dans la farine. Frire et conserver.

Dans la même huile, faites revenir les oignons, les poivrons et les carottes coupés en petits morceaux. Ajoutez le zeste de citron et laissez cuire quelques minutes. Ajoutez la cuillère à soupe restante de poudre de curry, les raisins secs et le bouillon de poulet. Lorsque la crème commence à bouillir, ajoutez la crème et laissez cuire 20 minutes. Corrigez le sel.

ASTUCE

Un accompagnement idéal pour ces boulettes de viande sont des champignons coupés en quartiers, frits avec quelques gousses d'ail hachées et assaisonnés d'un bon verre de porto ou de Pedro Ximénez.

Joues de porc au vin rouge

INGRÉDIENTS

12 joues de porc

½ litre de vin rouge

2 gousses d'ail

2 poireaux

1 poivron rouge

1 carotte

1 oignon

Farine

bouillon de viande (ou eau)

huile d'olive

sel et poivre

Processus

Assaisonnez les joues et faites-les revenir dans une poêle bien chaude. Retirer et réserver.

Hachez les légumes à la bronoise et faites-les revenir dans la même huile dans laquelle le porc a été frit. Lorsqu'il est bien cuit, ajoutez le vin et laissez cuire 5 minutes. Ajouter les joues et le bouillon de viande jusqu'à ce qu'ils soient recouverts.

Cuire jusqu'à ce que les joues soient bien tendres, en mélangeant la sauce si vous ne voulez pas qu'il reste des morceaux de légumes.

ASTUCE

Les joues de porc prennent beaucoup moins de temps à préparer que les joues de bœuf. Un goût différent est créé si un gramme de chocolat est ajouté à la sauce à la fin.

NAVIGATION DU COCHON EN SOIE

INGRÉDIENTS

2 cuisses d'agneau hachées

50 g de saindoux

1 cuillère à café de paprika en poudre

1 cuillère à soupe de vinaigre

2 gousses d'ail

1 oignon

huile d'olive

sel et poivre

Processus

Coupez les jarrets d'agneau en morceaux. Salez et poivrez et faites revenir jusqu'à ce qu'ils soient dorés dans une poêle à feu vif. Retirer et réserver.

Faites revenir l'oignon et l'ail finement hachés dans la même huile à feu doux pendant 8 minutes. Ajoutez le poivre et faites revenir encore 5 secondes. Ajouter l'agneau et couvrir d'eau.

Cuire jusqu'à ce que la sauce épaississe et que la viande soit cuite. Ajoutez le vinaigre et portez à ébullition.

ASTUCE

Le brunissement initial est important car il empêche les jus de s'échapper. De plus, il apporte une touche croustillante et rehausse les saveurs.

Ragoût de boeuf à la sauce aux cacahuètes

INGRÉDIENTS

750 g de boudin noir

250 g de cacahuètes

2 l de bouillon de viande

1 verre de crème

½ verre de cognac

2 cuillères à soupe de sauce tomate

1 branche de thym

1 branche de romarin

4 pommes de terre

2 carottes

1 oignon

1 gousse d'ail

huile d'olive

sel et poivre

Processus

Coupez le boudin noir en morceaux, assaisonnez-le et faites-le revenir à feu vif. Retirer et réserver.

Dans la même huile, faites revenir à feu doux l'oignon, l'ail et les dés de carottes. Augmentez le feu et ajoutez la sauce tomate. Laissez bouillir jusqu'à ce que toute l'eau soit perdue. Versez le cognac et laissez l'alcool s'évaporer. Ajoutez à nouveau la viande.

Mixez bien les cacahuètes avec le bouillon et ajoutez-les dans la poêle avec les herbes aromatiques. Cuire à feu doux jusqu'à ce que la viande soit presque cuite.

Ajoutez ensuite les pommes de terre pelées et coupées en carrés réguliers et la crème. Cuire 10 minutes et assaisonner de sel et de poivre. Laisser reposer 15 minutes avant de servir.

ASTUCE

Ce plat de viande peut être servi avec du riz pilaf (voir la rubrique Riz et Nouilles).

COCHON RÔTI

INGRÉDIENTS

1 cochon de lait

2 cuillères à soupe de saindoux

salé

Processus

Couvrez les oreilles et la queue avec du papier d'aluminium pour éviter de brûler.

Placez deux cuillères en bois sur une plaque à pâtisserie et placez le cochon de lait dessus, face vers le haut. Assurez-vous qu'il touche le fond du récipient. Ajoutez 2 cuillères à soupe d'eau et enfournez 2 heures à 180°C.

Dissoudre le sel dans 4 dl d'eau et peindre l'intérieur du cochon toutes les 10 minutes. Au bout d'une heure, retournez-le et continuez à peindre avec de l'eau et du sel jusqu'à ce que le temps soit écoulé.

Faites fondre le beurre et appliquez-le sur la peau. Augmentez la température du four à 200°C et faites cuire encore 30 minutes ou jusqu'à ce que la peau soit dorée et croustillante.

ASTUCE

N'étalez pas le jus sur la peau ; cela lui ferait passer à côté de son point crucial. Servir la sauce au fond du bol.

Jarret RÔTI au chou

INGRÉDIENTS

4 jointures

½ chou

3 gousses d'ail

huile d'olive

sel et poivre

Processus

Couvrir les jarrets d'eau bouillante et cuire pendant 2 heures ou jusqu'à ce qu'ils soient complètement cuits.

Retirez-les de l'eau et faites-les revenir avec un filet d'huile à 220°C jusqu'à ce qu'ils soient dorés. Saison.

Coupez le chou en fines lanières. Faire bouillir dans beaucoup d'eau bouillante pendant 15 minutes. vidange.

Pendant ce temps, faites revenir l'ail émincé dans un filet d'huile, ajoutez le chou et faites revenir. Assaisonner de sel et de poivre et servir avec les jarrets frits.

ASTUCE

Les tibias peuvent également être préparés dans une poêle bien chaude. Bien frire de tous les côtés.

CHASSEUR DE LAPIN

INGRÉDIENTS

1 lapin

300 g de champignons

2 tasses de bouillon de poulet

1 verre de vin blanc

1 branche de thym frais

1 feuille de laurier

2 gousses d'ail

1 oignon

1 tomate

huile d'olive

sel et poivre

Processus

Coupez le lapin en morceaux, assaisonnez et faites-le revenir à feu vif jusqu'à ce qu'il soit doré. Retirer et réserver.

Faites revenir l'oignon et l'ail hachés dans la même huile à feu doux pendant 5 minutes. Augmentez le feu et ajoutez la tomate râpée. Cuire jusqu'à ce qu'il n'y ait plus d'eau.

Remettez le lapin dedans et recouvrez-le de vin. Laissez réduire et la sauce est presque sèche. Ajouter le bouillon et cuire avec les herbes pendant 25 minutes ou jusqu'à ce que la viande soit cuite.

Pendant ce temps, faites revenir les champignons nettoyés et émincés dans une poêle chaude pendant 2 minutes. Assaisonner de sel et ajouter au ragoût. Cuire encore 2 minutes et ajouter du sel si nécessaire.

ASTUCE

La même recette peut être réalisée avec du poulet ou de la dinde.

GAINE DE BOEUF À LA MADRILEÑA

INGRÉDIENTS

4 steaks

1 cuillère à soupe de persil frais

2 gousses d'ail

Farine, œufs et chapelure (pour enrober)

huile d'olive

sel et poivre

Processus

Hachez finement le persil et l'ail. Mettez-les ensemble dans un bol et ajoutez la chapelure. Supprimer.

Assaisonnez les filets de sel et de poivre et trempez-les dans la farine, l'œuf battu et le mélange de chapelure, d'ail et de persil.

Presser avec les mains pour que la chapelure adhère bien et faire revenir dans l'huile suffisamment chaude pendant 15 secondes.

ASTUCE

Écrasez les filets avec un maillet pour détacher les fibres et attendrir la viande.

Lapin mijoté aux champignons

INGRÉDIENTS

1 lapin

250 g de champignons de saison

50 g de saindoux

200 g de lardons

45 g d'amandes

600 ml de bouillon de poulet

1 verre de vin de Xérès

1 carotte

1 tomate

1 oignon

1 gousse d'ail

1 branche de thym

sel et poivre

Processus

Coupez le lapin en morceaux et assaisonnez. Faites-le revenir dans le beurre à feu vif avec les lardons coupés en lanières. Retirer et réserver.

Faites revenir les oignons, les carottes et l'ail haché dans la même graisse. Ajoutez les champignons hachés et faites revenir 2 minutes. Ajoutez la tomate râpée et faites cuire jusqu'à ce qu'elle perde son eau.

Ajoutez à nouveau la viande de lapin et les lardons et versez le vin. Laissez réduire et la sauce est presque sèche. Ajoutez le bouillon et ajoutez le thym. Cuire à feu doux pendant 25 minutes ou jusqu'à ce que le lapin soit bien cuit. Remplissez d'amandes et assaisonnez de sel.

ASTUCE

Des champignons shiitake séchés peuvent être utilisés. Ils ajoutent beaucoup de saveur et d'arôme.

CÔTES DE PORC IBÉRIQUE AU VIN BLANC ET AU MIEL

INGRÉDIENTS

1 côte de porc ibérique

1 verre de vin blanc

2 cuillères à soupe de miel

1 cuillère à soupe de paprika doux

1 cuillère à soupe de romarin haché

1 cuillère à soupe de thym haché

1 gousse d'ail

huile d'olive

sel et poivre

Processus

Mettez les herbes, l'ail râpé, le miel et le sel dans un bol. Ajouter ½ verre d'huile et mélanger. Badigeonnez le steak de ce mélange.

Cuire au four à 200°C pendant 30 minutes côté chair vers le bas. Retourner, arroser de vin et cuire encore 30 minutes, jusqu'à ce que les côtes soient dorées et tendres.

ASTUCE

Pour permettre aux saveurs de mieux pénétrer dans les côtes, il est préférable de faire mariner la viande la veille.

POIRES AU CHOCOLAT AU POIVRE

INGRÉDIENTS

150g de chocolat

85g de sucre

½ litre de lait

4 poires

1 bâton de cannelle

10 grains de poivre

Processus

Épluchez les poires sans retirer le pédoncule. Faire bouillir le lait avec le sucre, le bâton de cannelle et les grains de poivre pendant 20 minutes.

Retirez les poires, filtrez le lait et ajoutez le chocolat. Laissez cuire en remuant constamment jusqu'à ce qu'il épaississe. Servir les poires avec la sauce au chocolat.

ASTUCE

Une fois les poires cuites, ouvrez-les dans le sens de la longueur, retirez les pépins et remplissez-les de mascarpone sucré. Fermez et ajoutez la sauce. délicieux.

TROIS GÂTEAUX AU CHOCOLAT AVEC BISCUITS

INGRÉDIENTS

150 g de chocolat blanc

150 g de chocolat noir

150 g de chocolat au lait

450 ml de crème

450 ml de lait

4 cuillères à soupe de beurre

1 paquet de biscuits Maria

3 sachets de fromage cottage

Processus

Écrasez les biscuits et faites fondre le beurre. Mélangez les biscuits avec le beurre et façonnez le fond du gâteau dans un moule amovible. Laissez reposer au congélateur pendant 20 minutes.

Pendant ce temps, faites chauffer 150 g de lait, 150 g de crème et 150 g d'un des pralinés dans un bol. Une fois qu'il commence à bouillir, diluez 1 paquet de caillé dans un verre avec un peu de lait et ajoutez-le au mélange dans le récipient. Une fois qu'il bout à nouveau, sortez-le.

Ajoutez le premier chocolat à la pâte à biscuits et réservez-la au congélateur pendant 20 minutes.

Faites de même avec un autre chocolat et placez-le sur la première couche. Et répétez le processus avec le troisième chocolat. Laissez-le reposer au congélateur ou au réfrigérateur jusqu'au moment de servir.

ASTUCE

D'autres chocolats peuvent également être utilisés, comme la menthe ou l'orange.

Meringue suisse

INGRÉDIENTS

250 g de sucre

4 blancs d'œufs

une pincée de sel

Quelques gouttes de jus de citron

Processus

Battre les blancs d'œufs au fouet jusqu'à obtenir une consistance ferme. Ajoutez progressivement le jus de citron, une pincée de sel et le sucre sans cesser de remuer.

Une fois que vous avez fini d'ajouter le sucre, battez encore 3 minutes.

ASTUCE

Lorsque les blancs sont durs, on parle de Peak Point ou Snow Point.

CRÊPES AUX NOISETTES ET BANANES

INGRÉDIENTS

100 g de farine

25 g de beurre

25 g de sucre

1½ dl de lait

8 cuillères à soupe de crème de noisettes

2 cuillères à soupe de rhum

1 cuillère à soupe de sucre glace

2 bananes

1 oeuf

½ sachet de levure

Processus

Mélangez l'œuf, la levure, le rhum, la farine, le sucre et le lait. Laissez reposer au réfrigérateur pendant 30 minutes.

Faites chauffer le beurre dans une poêle antiadhésive à feu doux et étalez une fine couche de pâte sur toute la surface. Tourner jusqu'à ce qu'il soit légèrement brun.

Épluchez les plantains et coupez-les en tranches. Étalez 2 cuillères à soupe de crème de noisettes et ½ banane sur chaque crêpe. Fermer en forme de mouchoir et saupoudrer de sucre glace.

ASTUCE

Les crêpes peuvent être préparées à l'avance. Pour les manger, il suffit de les faire chauffer dans une poêle avec un peu de beurre des deux côtés.

TARTE AU CITRON À BASE DE CHOCOLAT

INGRÉDIENTS

400 ml de lait

300 g de sucre

250 g de farine

125 g de beurre

50 g de cacao

50 g de fécule de maïs

5 jaunes d'œufs

Jus de 2 citrons

Processus

Mélangez la farine, le beurre, 100 g de sucre et le cacao jusqu'à formation d'une masse sableuse. Ajoutez ensuite de l'eau jusqu'à obtenir une pâte qui ne colle pas aux mains. Tapisser un moule, verser la crème et enfourner 20 minutes à 170°C.

D'autre part, faites chauffer le lait. Pendant ce temps, battez les jaunes d'œufs et le sucre restant jusqu'à ce que le mélange soit léger et mousseux. Ajoutez ensuite la fécule de maïs et mélangez avec le lait. Chauffer en remuant constamment jusqu'à ce que le mélange épaississe. Ajoutez le jus de citron et continuez à mélanger.

Assemblez le gâteau et remplissez le fond de crème. Laisser reposer 3 heures au réfrigérateur avant de servir.

ASTUCE

Ajoutez quelques feuilles de menthe à la crème au citron pour donner au gâteau une fraîcheur parfaite.

TIRAMISU

INGRÉDIENTS

500 g de mascarpone

120 g de sucre

1 paquet de boudoirs

6 œufs

Amaretto (ou rhum torréfié)

1 grand verre de café de la machine à café (sucré au goût)

Poudre de cacao

salé

Processus

Séparez les blancs et les jaunes d'œufs. Battez les jaunes d'œufs et ajoutez la moitié du sucre et le mascarpone. Battez avec des mouvements enveloppants et terre-à-terre. Battez les blancs d'œufs avec une pincée de sel jusqu'à ce qu'ils atteignent des pics (ou des pics). Lorsqu'ils sont presque prêts, ajoutez l'autre moitié du sucre et finissez de battre. Mélangez délicatement et par mouvements doux le jaune d'œuf et le blanc d'œuf.

Trempez les biscuits des deux côtés dans le café et la liqueur (sans trop les mouiller) et placez-les au fond d'un récipient.

Étalez une couche d'œuf et de fromage à la crème sur les biscuits. Trempez à nouveau les boudoirs et déposez-les sur la pâte. Terminez avec le mélange de fromage et saupoudrez de cacao en poudre.

ASTUCE

A consommer toute la nuit ou mieux deux jours après la préparation.

INTXAURSALSA (CRÈME DE NOIX)

INGRÉDIENTS

125 g de noix pelées

100 g de sucre

1 litre de lait

1 petit bâton de cannelle

Processus

Faites bouillir le lait avec la cannelle et ajoutez le sucre et les noix hachées.

Cuire à feu doux pendant 2 heures et laisser refroidir avant de servir.

ASTUCE

Il doit avoir la consistance d'une bouillie de riz.

COLLATION AU LAIT

INGRÉDIENTS

175 g de sucre

1 litre de lait

Zest de 1 citron

1 bâton de cannelle

3 ou 4 blancs d'œufs

Poudre de cannelle

Processus

Faites chauffer le lait avec le bâton de cannelle et le zeste de citron à feu doux jusqu'à ce qu'il commence à bouillir. Ajoutez immédiatement le sucre et laissez cuire encore 5 minutes. Réservez et laissez refroidir au réfrigérateur.

Lorsqu'ils sont froids, battez les blancs d'œufs en neige ferme et ajoutez-les au lait en mouvements circulaires. Servir avec de la cannelle moulue.

ASTUCE

Pour obtenir un granité imbattable, conservez-le au congélateur et grattez-le avec une fourchette toutes les heures jusqu'à ce qu'il soit complètement congelé.

langues de chats

INGRÉDIENTS

350 g de farine en vrac

250 g de beurre mou

250 g de sucre glace

5 blancs d'œufs

1 oeuf

Vanille

salé

Processus

Mettez le beurre, le sucre glace, une pincée de sel et un peu d'essence de vanille dans un bol. Mélangez bien et ajoutez l'oeuf. Continuez à battre et ajoutez progressivement les blancs d'œufs sans arrêter de battre. Ajoutez la farine d'un seul coup sans trop mélanger.

Conservez la crème dans un sachet à ouverture lisse et coupez des bandes d'environ 10 cm de long. Tapotez la plaque à pâtisserie sur la table pour que la pâte gonfle et enfournez à 200°C jusqu'à ce que les extrémités soient dorées.

ASTUCE

Ajoutez 1 cuillère à soupe de poudre de noix de coco à la pâte pour faire plusieurs langues de chat.

CUPCAKES À L'ORANGE

INGRÉDIENTS

220 g de farine

200 g de sucre

4 œufs

1 petite orange

1 sur la levure chimique

Poudre de cannelle

220 g d'huile de tournesol

Processus

Mélangez les œufs avec le sucre, la cannelle, le zeste et le jus d'orange.

Ajouter l'huile et mélanger. Ajoutez la farine tamisée et la levure. Laissez reposer ce mélange 15 minutes et versez-le dans les moules à cupcakes.

Préchauffer le four à 200°C et cuire au four pendant 15 minutes jusqu'à ce que ce soit cuit.

ASTUCE

Des perles de chocolat peuvent être incorporées à la pâte.

Pommes de porto rôties

INGRÉDIENTS

80 g de beurre (en 4 morceaux)

8 cuillères à soupe de porto

4 cuillères à soupe de sucre

4 pommes Renache

Processus

Noyau des pommes. Remplissez de sucre et ajoutez du beurre dessus.

Cuire au four 30 minutes à 175°C. Passé ce temps, saupoudrez chaque pomme de 2 cuillères à soupe de porto et enfournez encore 15 minutes.

ASTUCE

Servir tiède avec une boule de glace vanille et arroser du jus dégagé.

Meringue cuite

INGRÉDIENTS

400 g de sucre semoule

100 g de sucre glace

¼ litre de blanc d'oeuf

Déposez du jus de citron

Processus

Battre les blancs d'œufs avec le jus de citron et le sucre au bain-marie jusqu'à ce que le tout soit bien mélangé. Retirer du feu et continuer à battre (à mesure que la température baisse, la meringue va épaissir).

Ajoutez le sucre glace et continuez de battre jusqu'à ce que la meringue soit complètement froide.

ASTUCE

Il peut être utilisé pour recouvrir des gâteaux et réaliser des décorations. Assurez-vous que la température ne dépasse pas 60°C afin que le blanc d'œuf ne épaississe pas.

Pudding à la vanille

INGRÉDIENTS

170 g de sucre

1 litre de lait

1 cuillère à soupe de fécule de maïs

8 jaunes d'œufs

Zest de 1 citron

Cannelle

Processus

Portez à ébullition le lait avec le zeste de citron et la moitié du sucre. Une fois à ébullition, couvrez et retirez du feu.

A part, battez les jaunes d'œufs avec le reste du sucre et de la fécule de maïs dans un bol. Ajoutez un quart du lait bouilli et continuez de remuer.

Ajouter le mélange de jaunes d'œufs au reste du lait et cuire en remuant constamment.

Si vous cuisinez pour la première fois, fouettez avec une paire de baguettes pendant 15 secondes. Retirer du feu et continuer à mélanger pendant encore 30 secondes. Filtrer et laisser reposer au froid. Saupoudrer de cannelle.

ASTUCE

Pour réaliser des crèmes anglaises aromatisées - chocolat, biscuits moulus, café, noix de coco râpée, etc. - il suffit de retirer du feu l'arôme souhaité et de les préparer pendant qu'elles sont encore chaudes.

PANNA COTTA AUX BONBONS VIOLES

INGRÉDIENTS

150 grammes) Sucre

100 g de bonbons violets

½ litre de crème

½ litre de lait

9 feuilles de gélatine

Processus

Humidifiez les feuilles de gélatine avec de l'eau froide.

Faites chauffer la crème, le lait, le sucre et le caramel dans une casserole jusqu'à dissolution.

Une fois le feu éteint, ajoutez la gélatine et mélangez jusqu'à dissolution complète.

Versez-le dans des moules et conservez-le au réfrigérateur pendant au moins 5 heures.

ASTUCE

Cette recette peut être variée en ajoutant des bonbons au café, du caramel, etc.

BISCUITS AUX AGRUMES

INGRÉDIENTS

220 g de beurre mou

170 g de farine

55 g de sucre glace

35 g de fécule de maïs

5 g de zeste d'orange

5 g de zeste de citron

2 cuillères à soupe de jus d'orange

1 cuillère à soupe de jus de citron

1 blanc d'oeuf

Vanille

Processus

Mélangez très lentement le beurre, le blanc d'œuf, le jus d'orange, le jus de citron, le zeste de citron et une pincée d'essence de vanille. Mélangez et ajoutez la farine tamisée et la fécule de maïs.

Placer la pâte dans un manchon à douille recourbée et tracer des anneaux de 7 cm sur du papier sulfurisé. Cuire au four 15 minutes à 175°C.

Saupoudrer de sucre en poudre sur les biscuits.

ASTUCE

Ajoutez les clous de girofle moulus et le gingembre au mélange. Le résultat est excellent.

PÂTE DE MANGUE

INGRÉDIENTS

550 g de farine en vrac

400 g de beurre mou

200 g de sucre glace

125 g de lait

2 oeufs

Vanille

salé

Processus

Ajoutez la farine, le sucre, une pincée de sel et une autre pincée d'essence de vanille. Ajoutez les œufs pas encore très froids un à un. Versez le lait légèrement tiède et ajoutez la farine tamisée.

Placer la pâte dans un manchon muni d'une douille ondulée et en verser un peu sur du papier sulfurisé. Cuire 10 minutes à 180°C.

ASTUCE

Vous pouvez saupoudrer l'extérieur d'amandes hachées, le tremper dans du chocolat ou y coller quelques cerises.

GÂTEAU AU YAOURT

INGRÉDIENTS

375 g de farine

250 g de yaourt nature

250 g de sucre

1 sachet de levure chimique

5 œufs

1 petite orange

1 citron

125 g d'huile de tournesol

Processus

Battre les œufs et le sucre au batteur pendant 5 minutes. Mélanger avec le yaourt, l'huile, le zeste et le jus d'agrumes.

Tamisez la farine et la levure et ajoutez-les au yaourt.

Beurrer et fariner un moule. Ajoutez la pâte et enfournez à 165°C pendant environ 35 minutes.

ASTUCE

Utilisez du yaourt aromatisé pour préparer différents biscuits.

COMPOTÉE DE BANANE AU ROMARIN

INGRÉDIENTS

30 g de beurre

1 branche de romarin

2 bananes

Processus

Épluchez les bananes et coupez-les en tranches.

Mettez-les dans une casserole, couvrez et faites cuire à feu très doux avec le beurre et le romarin jusqu'à ce que la banane ressemble à une compote.

ASTUCE

Cette compote s'accorde aussi bien avec des côtelettes de porc qu'avec une génoise au chocolat. Vous pouvez ajouter 1 cuillère à soupe de sucre pendant la cuisson pour le rendre plus sucré.

CRÈME BRULÉE

INGRÉDIENTS

100 g de sucre de canne

100 g de sucre blanc

crème 400cl

300cl de lait

6 jaunes d'œufs

1 gousse de vanille

Processus

Ouvrez la gousse de vanille et retirez les gousses.

Dans un bol, mélangez le lait avec le sucre blanc, les jaunes d'œufs, la crème et les gousses de vanille. Remplissez des moules individuels avec ce mélange.

Préchauffer le four à 100°C et cuire au bain-marie pendant 90 minutes. Une fois refroidi, saupoudrez de cassonade et brûlez sur un brûleur (ou préchauffez le four au réglage grill et laissez cuire jusqu'à ce que le sucre soit légèrement brûlé).

ASTUCE

Ajoutez 1 cuillère à soupe de cacao instantané à de la crème ou du lait pour réaliser une délicieuse crème brûlée au cacao.

Bras suisse rempli de crème

INGRÉDIENTS

250 grammes de chocolat

125 g de sucre

½ litre de crème

Gâteau Coccinelle (voir section Desserts)

Processus

Préparez un gâteau aux coccinelles. Remplissez de chantilly et roulez.

Portez le sucre à ébullition dans une casserole avec 125 g d'eau. Ajoutez le chocolat, laissez-le fondre 3 minutes en remuant constamment et recouvrez-en le Swiss Roll. Laisser reposer avant de servir.

ASTUCE

Pour déguster un dessert encore plus complet et délicieux, ajoutez à la crème des fruits hachés au sirop.

ŒUF PLAT

INGRÉDIENTS

200 g de sucre

1 litre de lait

8 oeufs

Processus

Préparez un caramel avec le sucre à feu doux et sans remuer. Une fois qu'il a pris une couleur grillée, retirez-le du feu. Répartissez dans quelques gants de toilette ou dans la forme que vous préférez.

Battez le lait et les œufs ensemble en évitant de mousser. S'il apparaît avant de le placer dans les moules, retirez-le complètement.

Verser sur le caramel et cuire au bain-marie à 165°C pendant environ 45 minutes ou jusqu'à ce que vous insérez une aiguille et que le mélange en ressorte propre.

ASTUCE

Selon la même recette, un délicieux pudding est préparé. Il suffit d'ajouter à la pâte les croissants, muffins, cookies... restants de la veille.

GELÉE DE CAVA AUX FRAISES

INGRÉDIENTS

500g de sucre

150 g de fraises

1 bouteille de vin mousseux

½ paquet de feuilles de gélatine

Processus

Faites chauffer le cava et le sucre dans une poêle. Ajouter la gélatine préalablement hydratée à l'eau froide sur la cuisinière.

Servir dans des verres à martini avec des fraises et réfrigérer jusqu'à consistance ferme.

ASTUCE

Il peut également être préparé avec du vin doux et des fruits rouges.

Beignets

INGRÉDIENTS

150 g de farine

30 g de beurre

250 ml de lait

4 œufs

1 citron

Processus

Portez à ébullition le lait et le beurre avec le zeste de citron. A ébullition, retirez la peau et ajoutez la farine. Éteignez le feu et remuez pendant 30 secondes.

Remettez sur le feu et continuez à mélanger encore une minute jusqu'à ce que le mélange ne colle plus aux parois du récipient.

Versez la pâte dans un bol et ajoutez les œufs un à un (ajoutez le suivant seulement lorsque le précédent est bien mélangé à la pâte).

Faites cuire les beignets en petites portions avec une poche à douille ou 2 cuillères.

ASTUCE

Il peut être rempli de crème, de crème, de chocolat, etc.

Coca-Cola de Saint-Jean

INGRÉDIENTS

350 g de farine

100 g de beurre

40 g de pignons de pin

250 ml de lait

1 sachet de levure

Zest de 1 citron

3 oeufs

Sucre

salé

Processus

Tamisez la farine et la levure. Mélangez et créez un volcan. Placez au centre le zeste, 110 g de sucre, le beurre, le lait, les œufs et une pincée de sel. Bien pétrir jusqu'à ce que la pâte ne colle plus aux mains.

Etalez-le au rouleau jusqu'à ce qu'il soit rectangulaire et fin. Placez-le sur une plaque à pâtisserie recouverte de papier sulfurisé et laissez-le lever 30 minutes.

Badigeonner la coca avec l'œuf, saupoudrer de pignons de pin et 1 cuillère à soupe de sucre. Cuire au four environ 25 minutes à 200°C.

SAUCE BOLOGNAISE

INGRÉDIENTS

600 g de tomates concassées

500 g de viande hachée

1 verre de vin rouge

3 carottes

2 branches de céleri (facultatif)

2 gousses d'ail

1 oignon

Original

Sucre

huile d'olive

sel et poivre

Processus

Hachez finement l'oignon, l'ail, les branches de céleri et les carottes. Faites dorer et lorsque les légumes sont tendres, ajoutez la viande.

Salez, poivrez et versez le vin lorsque la couleur rose de la viande a disparu. Cuire à feu vif pendant 3 minutes.

Ajoutez la tomate concassée et faites cuire à feu doux pendant 1 heure. Enfin, mélangez le sel et le sucre et assaisonnez avec de l'origan.

ASTUCE

La bolognaise est toujours associée aux pâtes, mais elle est délicieuse avec le riz pilaf.

Bouillon blanc (poulet ou bœuf)

INGRÉDIENTS

1 kg d'os de bœuf ou de poulet

1 dl de vin blanc

1 branche de céleri

1 branche de thym

2 clous de girofle

1 feuille de laurier

1 poireau nettoyé

1 carotte nettoyée

½ oignon

15 grains de poivre noir

Processus

Mettez tous les ingrédients dans une casserole. Couvrir d'eau et cuire à feu moyen. Quand il commence à bouillir, écumer. Laissez cuire 4 heures.

Filtrer au tamis chinois et transférer dans un autre récipient. Conserver rapidement au réfrigérateur.

ASTUCE

N'ajoutez du sel que lorsqu'il est prêt à l'emploi, sinon il se gâtera plus facilement. Il est utilisé comme bouillon de base pour la préparation de sauces, soupes, risottos, ragoûts, etc.

TOMATE CONCASSÉE

INGRÉDIENTS

1 kg de tomates

120 g d'oignons

2 gousses d'ail

1 branche de romarin

1 branche de thym

Sucre

1 dl d'huile d'olive

salé

Processus

Coupez l'oignon et l'ail en petits morceaux. Faire revenir lentement dans une poêle pendant 10 minutes.

Coupez les tomates en tranches et ajoutez-les dans la poêle avec les herbes aromatiques. Cuire jusqu'à ce que les tomates perdent toute leur eau.

Assaisonner de sel et ajouter du sucre si nécessaire.

ASTUCE

Il peut être préparé à l'avance et conservé dans un contenant hermétique au réfrigérateur.

SAUCE ROBERTO

INGRÉDIENTS

200 g d'oignon nouveau

100 g de beurre

½ l de bouillon de viande

¼ litre de vin blanc

1 cuillère à soupe de farine

1 cuillère à soupe de moutarde

sel et poivre

Processus

Faites revenir la ciboulette ciselée dans le beurre. Ajouter la farine et cuire lentement pendant 5 minutes.

Augmentez le feu, ajoutez le vin et laissez réduire de moitié en remuant constamment.

Ajoutez le bouillon et laissez cuire encore 5 minutes. Une fois le feu éteint, ajoutez la moutarde et assaisonnez de sel et de poivre.

ASTUCE

Idéal en accompagnement de porc.

SAUCE ROSE

INGRÉDIENTS

250 g de sauce mayonnaise (voir rubrique bouillons et sauces)

2 cuillères à soupe de ketchup

2 cuillères à soupe de cognac

Jus d'une demi-orange

Tabasco

sel et poivre

Processus

Mélangez la mayonnaise, le ketchup, le cognac, le jus, une pincée de Tabasco, du sel et du poivre. Bien mélanger jusqu'à l'obtention d'une sauce onctueuse.

ASTUCE

Pour adoucir la sauce, ajoutez ½ cuillère à soupe de moutarde et 2 cuillères à soupe de crème liquide.

STOCKAGE DU POISSON

INGRÉDIENTS

500 g d'arêtes ou de têtes de poisson blanc

1 dl de vin blanc

1 brin de persil

1 poireau

½ petit oignon

5 grains de poivre

Processus

Mettre tous les ingrédients dans une casserole et couvrir d'1 litre d'eau froide. Cuire à feu moyen pendant 20 minutes sans arrêter de mousser.

Filtrer, transférer dans un autre récipient et conserver rapidement au réfrigérateur.

ASTUCE

N'ajoutez du sel que lorsqu'il est prêt à l'emploi, sinon il se gâtera plus facilement. C'est la base des sauces, des risottos, des soupes, etc.

SAUCE ALLEMANDE

INGRÉDIENTS

35g de beurre

35g de farine

2 jaunes d'œufs

½ l de bouillon (poisson, viande, volaille...)

salé

Processus

Faire revenir la farine dans le beurre à feu doux pendant 5 minutes. Ajouter le bouillon d'un seul coup et laisser cuire à feu moyen encore 15 minutes sans cesser de remuer. Corrigez le sel.

Retirer du feu et, sans cesser de remuer, ajouter les jaunes d'œufs.

ASTUCE

Ne pas trop chauffer pour que le jaune d'œuf ne s'enroule pas.

Sauce épicée

INGRÉDIENTS

750 g de tomates frites

1 petit verre de vin blanc

3 cuillères à soupe de vinaigre

10 amandes crues

10 poivrons

5 tranches de pain

3 gousses d'ail

1 oignon

Sucre

huile d'olive

salé

Processus

Faites revenir l'ail entier dans une poêle. Décollez et réservez. Faites frire les amandes dans la même huile. Décollez et réservez. Faites cuire le pain dans la même poêle. Décollez et réservez.

Faites revenir l'oignon en julienne dans la même huile avec les poivrons. Une fois cuit, humidifiez-le avec du vinaigre et un verre de vin. Cuire à feu vif pendant 3 minutes.

Ajouter les tomates, l'ail, les amandes et le pain. Faire bouillir 5 minutes, mélanger et ajouter du sel et du sucre si nécessaire.

ASTUCE

Il peut être congelé dans des bacs à glaçons individuels et utilisé uniquement selon les besoins.

Bouillon noir (poulet ou bœuf)

INGRÉDIENTS

5 kg d'os de bœuf ou de poulet

500 g de tomates

250 g de carottes

250 g de poireau

125 g d'oignons

½ litre de vin rouge

5 litres d'eau froide

1 succursale de Pio

3 feuilles de laurier

2 brins de thym

2 brins de romarin

15 grains de poivre

Processus

Cuire les os à 350°F jusqu'à ce qu'ils soient légèrement grillés. Disposez les légumes épluchés, coupés en morceaux moyens, dans la même poêle. Laissez dorer les légumes.

Mettez les os et les légumes dans une grande casserole. Ajoutez le vin et les herbes et ajoutez l'eau. Cuire à feu doux pendant 6 heures en faisant mousser de temps en temps. Filtrer et laisser refroidir.

ASTUCE

C'est la base de toutes sortes de sauces, ragoûts, risottos, soupes, etc. Une fois le bouillon refroidi, la graisse reste accrochée au dessus. Cela facilite son retrait.

MOJO PICÓN

INGRÉDIENTS

8 cuillères à soupe de vinaigre

2 cuillères à café de graines de cumin

2 cuillères à café de paprika doux

2 gousses d'ail

3 piments de Cayenne

30 cuillères à soupe d'huile

De gros sel

Processus

Écrasez tous les ingrédients solides sauf la poudre de paprika dans un mortier jusqu'à ce qu'une pâte se forme.

Ajoutez les poivrons et continuez à mélanger. Ajoutez le liquide petit à petit jusqu'à obtenir une sauce onctueuse et émulsionnée.

ASTUCE

Idéal avec les fameuses pommes de terre ridées et également avec les poissons grillés.

SAUCE PESTO

INGRÉDIENTS

100 g de pignons de pin

100 g de parmesan

1 bouquet de basilic frais

1 gousse d'ail

huile d'olive délicate

Processus

Mélangez tous les ingrédients sans que ce soit très homogène, pour que vous puissiez remarquer le croquant des pignons de pin.

ASTUCE

Vous pouvez remplacer les pignons de pin par des noix et le basilic par de la roquette fraîche. A l'origine, cela se faisait avec du mortier.

SAUCE AIGRE DOUCE

INGRÉDIENTS

100 g de sucre

100 ml de vinaigre

50 ml de sauce soja

Zest de 1 citron

Le zeste d'1 orange

Processus

Faites bouillir le sucre, le vinaigre, la sauce soja et le zeste d'agrumes pendant 10 minutes. Laisser refroidir avant utilisation.

ASTUCE

C'est le compagnon idéal des rouleaux de printemps.

MOJITO VERT

INGRÉDIENTS

8 cuillères à soupe de vinaigre

2 cuillères à café de graines de cumin

4 grains de poivre vert

2 gousses d'ail

1 bouquet de persil ou de coriandre

30 cuillères à soupe d'huile

De gros sel

Processus

Réduisez en purée tous les solides jusqu'à ce qu'une pâte se forme.

Ajoutez le liquide petit à petit jusqu'à obtenir une sauce onctueuse et émulsionnée.

ASTUCE

Couvert d'un film alimentaire, il se conserve facilement au réfrigérateur pendant quelques jours.

SAUCE BESSAMELLO

INGRÉDIENTS

85 g de beurre

85 g de farine

1 litre de lait

noix de muscade

sel et poivre

Processus

Faire fondre le beurre dans une casserole, ajouter la farine et cuire à feu doux en remuant constamment pendant 10 minutes.

Ajoutez le lait d'un seul coup et laissez cuire encore 20 minutes. Continuez à mélanger. Mélangez le sel, le poivre et la muscade.

ASTUCE

Pour éviter la formation de grumeaux, faites cuire la farine avec le beurre à feu doux et continuez de fouetter jusqu'à ce que le mélange soit presque liquide.

SAUCE DU CHASSEUR

INGRÉDIENTS

200 g de champignons

200 g de sauce tomate

125 g de beurre

½ l de bouillon de viande

¼ litre de vin blanc

1 cuillère à soupe de farine

1 oignon nouveau

sel et poivre

Processus

Faites revenir les oignons nouveaux hachés dans le beurre à feu moyen pendant 5 minutes.

Ajoutez les champignons nettoyés et coupés en quartiers et augmentez le feu. Cuire encore 5 minutes jusqu'à ce qu'ils perdent leur eau. Ajoutez la farine et laissez cuire encore 5 minutes sans cesser de remuer.

Ajoutez le vin et laissez réduire. Ajoutez la sauce tomate et le bouillon de bœuf. Cuire encore 5 minutes.

ASTUCE

Conserver au réfrigérateur et étaler une fine couche de beurre dessus pour éviter la formation d'une croûte à la surface.

SAUCE AÏOLI

INGRÉDIENTS

6 gousses d'ail

Vinaigre

½ l d'huile d'olive légère

salé

Processus

Écrasez l'ail avec le sel dans un mortier jusqu'à obtenir une pâte.

Ajoutez progressivement l'huile en remuant constamment avec le pilon jusqu'à l'obtention d'une sauce épaisse. Ajoutez un filet de vinaigre à la sauce.

ASTUCE

Si vous ajoutez 1 jaune d'oeuf à la purée d'ail, la sauce sera plus facile à préparer.

SAUCE AMÉRICAINE

INGRÉDIENTS

150 g de crevettes

250 g de carapaces et têtes de crevettes et langoustines

250 g de tomates mûres

250 g d'oignon

100 g de beurre

50 g de carotte

50 g de poireau

½ l de bouillon de poisson

1 dl de vin blanc

½ dl de eau-de-vie

1 cuillère à soupe de farine

1 cuillère à café rase de paprika épicé en poudre

1 branche de thym

salé

Processus

Faire revenir les légumes hachés, sauf les tomates, dans le beurre. Faites ensuite revenir la poudre de paprika et la farine.

Faites revenir les crabes et têtes de coquillages restants et flambez-les au cognac. Réservez les queues de crabe et hachez les carcasses avec le bouillon. Filtrer deux à trois fois jusqu'à ce qu'il n'y ait plus de résidus intestinaux.

Ajouter le bouillon, le vin, les tomates cerises en quartiers et le thym aux légumes. Cuire 40 minutes, hacher et assaisonner de sel.

ASTUCE

Sauce parfaite pour les poivrons farcis, la lotte ou les boulettes de poisson.

AURORE « SAUCE

INGRÉDIENTS

45 g de beurre

½ l de sauce veloutée (voir rubrique bouillons et sauces)

3 cuillères à soupe de sauce tomate

Processus

Portez à ébullition la sauce veloutée, ajoutez les cuillerées de tomates cerises et mélangez au fouet.

Retirer du feu, ajouter le beurre et continuer à mélanger jusqu'à ce que le mélange soit bien mélangé.

ASTUCE

Utilisez cette sauce comme accompagnement avec des œufs du diable.

SAUCE BARBECUE

INGRÉDIENTS

1 canette de Coca Cola

1 tasse de sauce tomate

1 tasse de ketchup

½ tasse de vinaigre

1 cuillère à café d'origan

1 cuillère à café de thym

1 cuillère à café de cumin

1 gousse d'ail

1 poivre de Cayenne, moulu

½ oignon

huile d'olive

sel et poivre

Processus

Coupez l'oignon et l'ail en petits morceaux et faites-les revenir dans un peu d'huile. Lorsqu'elles sont tendres, ajoutez les tomates, le ketchup et le vinaigre.

Laissez cuire 3 minutes. Ajouter le poivre de Cayenne et les épices. Remuer, ajouter le Coca-Cola et cuire jusqu'à épaississement.

ASTUCE

C'est une sauce parfaite pour les ailes de poulet. Il peut être congelé dans des bacs à glaçons individuels et utilisé uniquement selon les besoins.

SAUCE BERNOISE

INGRÉDIENTS

250 g de beurre clarifié

1 dl de vinaigre d'estragon

1 dl de vin blanc

3 jaunes d'œufs

1 échalote (ou ½ petit oignon nouveau)

Dragon

sel et poivre

Processus

Faites chauffer l'échalote hachée dans une poêle avec le vinaigre et le vin. Faites réduire jusqu'à obtenir environ 1 cuillère à soupe.

Battre les jaunes d'œufs assaisonnés au bain-marie. Ajoutez la réduction de vin et de vinaigre et 2 cuillères à soupe d'eau froide jusqu'à ce que le volume double.

Ajoutez progressivement le beurre fondu aux jaunes d'oeufs sans cesser de battre. Ajoutez un peu d'estragon haché et réservez au bain-marie à une température ne dépassant pas 50°C.

ASTUCE

Il est important de conserver cette sauce au bain-marie à feu doux pour éviter qu'elle ne durcisse.

SAUCE CARBONARA

INGRÉDIENTS

200 g de lardons

200 g de crème

150 g de parmesan

1 oignon moyen

3 jaunes d'œufs

sel et poivre

Processus

Faites revenir l'oignon coupé en dés. Après la friture, ajoutez le bacon coupé en fines lanières et faites chauffer sur le feu jusqu'à ce qu'il soit doré.

Ajoutez ensuite la crème, salez et poivrez et laissez cuire doucement pendant 20 minutes.

Une fois le feu éteint, ajoutez le fromage râpé et les jaunes d'œufs et mélangez.

ASTUCE

Si vous le laissez pour une autre occasion lorsqu'il fait chaud, faites-le à feu doux et pas trop longtemps, afin que l'œuf ne caille pas.

SAUCE DÉLICIEUSE

INGRÉDIENTS

200 g d'oignon nouveau

100 g de concombres

100 g de beurre

½ l de bouillon de viande

125cl de vin blanc

Vinaigre 125cl

1 cuillère à soupe de moutarde

1 cuillère à soupe de farine

sel et poivre

Processus

Faites revenir la ciboulette ciselée dans le beurre. Ajouter la farine et cuire lentement pendant 5 minutes.

Augmentez le feu, ajoutez le vin et le vinaigre et laissez réduire de moitié en remuant constamment.

Ajouter le bouillon et les concombres en julienne et cuire encore 5 minutes. Retirer du feu et ajouter la moutarde. Saison.

ASTUCE

Cette sauce est idéale avec les viandes grasses.

SAUCE CUMBERLAND

INGRÉDIENTS

150 g de confiture de cassis

½ dl de porto

1 verre de bouillon de viande brune (voir la rubrique bouillon et sauces)

1 cuillère à café de gingembre en poudre

1 cuillère à soupe de moutarde

1 échalote

½ zeste d'orange

½ zeste de citron

Jus d'une demi-orange

Jus d'un demi citron

sel et poivre

Processus

Coupez les zestes d'orange et de citron en fines juliennes. Portez l'eau froide à ébullition et laissez cuire 10 secondes. Répétez le processus 2 fois. Égoutter et rafraîchir.

Hachez finement l'échalote et faites-la cuire 1 minute avec la confiture de cassis, le porto, le bouillon, le zeste et le jus d'agrumes, la moutarde, le gingembre, le sel et le poivre en remuant constamment. Laisser refroidir.

ASTUCE

C'est une sauce parfaite pour les ragoûts ou les plats de gibier.

SAUCE AU CURRY

INGRÉDIENTS

200 g d'oignon

2 cuillères à soupe de farine

2 cuillères à soupe de curry

3 gousses d'ail

2 grosses tomates

1 branche de thym

1 feuille de laurier

1 bouteille de lait de coco

1 pomme

1 banane

huile d'olive

salé

Processus

Faire revenir l'ail et l'oignon hachés dans l'huile. Ajoutez le curry et laissez cuire 3 minutes. Ajoutez la farine et faites revenir encore 5 minutes en remuant constamment.

Ajoutez les tomates cerises coupées en quartiers, les herbes aromatiques et le lait de coco. Cuire à feu doux pendant 30 minutes. Ajoutez la pomme et la banane pelées et hachées et laissez cuire encore 5 minutes. Salage, filtrage et rectification.

ASTUCE

Pour réduire la teneur en calories de cette sauce, divisez par deux le lait de coco et remplacez-le par du bouillon de poulet.

SAUCE À L'AIL

INGRÉDIENTS

250 ml de crème

10 gousses d'ail

sel et poivre

Processus

Blanchir l'ail trois fois dans l'eau froide. Porter à ébullition, égoutter et porter à nouveau à ébullition avec de l'eau froide. Répétez ce processus trois fois.

Après avoir blanchi, laissez cuire avec la crème pendant 25 minutes. Enfin, assaisonnez et mélangez.

ASTUCE

Toutes les crèmes ne sont pas identiques. Si elle est trop épaisse, ajoutez un peu de crème et laissez cuire encore 5 minutes. S'il est très liquide, laissez-le cuire plus longtemps. C'est parfait pour le poisson.

SAUCE AUX MÛRES

INGRÉDIENTS

200 g de mûres

25 g de sucre

250 ml de sauce espagnole (voir section bouillons et sauces)

100 ml de vin doux

2 cuillères à soupe de vinaigre

1 cuillère à soupe de beurre

sel et poivre

Processus

Préparez un caramel avec le sucre à feu doux. Ajoutez le vinaigre, le vin et les mûres et laissez cuire 15 minutes.

Versez dessus la sauce espagnole. Assaisonner de sel et de poivre, mélanger, filtrer et porter à ébullition avec le beurre.

ASTUCE

C'est une sauce parfaite pour la viande de gibier.

Sauce au cidre de pomme

INGRÉDIENTS

250 ml de crème

1 bouteille de cidre de pomme

1 courgette

1 carotte

1 poireau

salé

Processus

Coupez les légumes en bâtonnets et faites-les revenir à feu vif pendant 3 minutes. Versez le cidre de pomme et laissez mijoter 5 minutes.

Ajoutez la crème et le sel et laissez cuire encore 15 minutes.

ASTUCE

Accompagnement parfait d'une daurade grillée ou d'un morceau de saumon.

KETCHUP

INGRÉDIENTS

1½ kg de tomates mûres

250 g d'oignon

1 verre de vin blanc

1 os de jambon

2 gousses d'ail

1 grosse carotte

Thym frais

romarin frais

sucre (facultatif)

salé

Processus

Coupez l'oignon, l'ail et la carotte en julienne et faites-les revenir à feu moyen. Lorsque les légumes sont tendres, ajoutez l'os et déglacez avec le vin. Allumez le feu.

Ajoutez les tomates cerises coupées en quartiers et les herbes aromatiques. Faire bouillir pendant 30 minutes.

Retirez les os et les herbes. Hacher, filtrer et affiner avec du sel et du sucre si nécessaire.

ASTUCE

Congelez-le dans des bacs à glaçons individuels pour avoir toujours une délicieuse sauce tomate maison à portée de main.

SAUCE AU VIN PEDRO XIMENEZ

INGRÉDIENTS

35g de beurre

250 ml de sauce espagnole (voir section bouillons et sauces)

75 ml de vin Pedro Ximénez

sel et poivre

Processus

Faites chauffer le vin à feu moyen pendant 5 minutes. Ajoutez la sauce espagnole et laissez cuire encore 5 minutes.

Pour l'épaissir et le polir, baissez le feu tout en continuant de battre le beurre froid coupé en cubes. Saison.

ASTUCE

Il peut être préparé avec n'importe quel vin doux, comme le porto.

SAUCE À LA CRÈME

INGRÉDIENTS

½ l de sauce béchamel (voir rubrique bouillons et sauces)

200cl de crème

Jus d'un demi citron

Processus

Faire bouillir la sauce béchamel et ajouter la crème. Cuire jusqu'à obtenir environ 400 cl de sauce.

Une fois le feu éteint, ajoutez le jus de citron.

ASTUCE

Idéal pour les gratinations, les sauces de poissons et les œufs farcis.

SAUCE MAYONNAISE

INGRÉDIENTS

2 oeufs

Jus d'un demi citron

½ l d'huile d'olive légère

sel et poivre

Processus

Mettez les œufs et le jus de citron dans un verre à mélange.

Battre au batteur 5, ajouter l'huile en filet et continuer de battre. Corrigez le sel et le poivre.

ASTUCE

Pour éviter de couper pendant le broyage, ajoutez 1 cuillère à soupe d'eau chaude dans le bol du mixeur avec les autres ingrédients.

SAUCE AU YOGOURT ENETO

INGRÉDIENTS

20 g d'oignon

75 ml de sauce mayonnaise (voir section bouillons et sauces)

1 cuillère à soupe de miel

2 yaourts

aneth

salé

Processus

Mélanger tous les ingrédients sauf l'aneth jusqu'à consistance lisse.

Hachez finement l'aneth et ajoutez-le à la sauce. Retirez et corrigez le sel.

ASTUCE

Il accompagne parfaitement les pommes de terre au four ou l'agneau.

SAUCE DIABLE

INGRÉDIENTS

100 g de beurre

½ l de bouillon de viande

3dl de vin blanc

1 oignon nouveau

2 poivrons

salé

Processus

Coupez l'oignon nouveau en petits morceaux et faites-le revenir à haute température. Ajoutez le piment, ajoutez le vin et laissez réduire de moitié.

Versez le bouillon, laissez cuire encore 5 minutes et ajoutez du sel et des épices.

Ajouter le beurre froid du feu et mélanger au fouet jusqu'à ce que le mélange soit épais et brillant.

ASTUCE

Cette sauce peut également être préparée avec du vin doux. Le résultat est excellent.

sauce espagnole

INGRÉDIENTS

30 g de beurre

30 g de farine

1 l de bouillon de viande (bouilli)

sel et poivre

Processus

Faire revenir la farine dans le beurre jusqu'à ce qu'elle soit légèrement grillée.

Versez le bouillon bouillant en remuant. Cuire 5 minutes et assaisonner de sel et de poivre.

ASTUCE

Cette sauce est à la base de nombreuses préparations. En cuisine, c'est ce qu'on appelle la sauce de base.

SAUCE NÉERLANDAISE

INGRÉDIENTS

250 g de beurre

3 jaunes d'œufs

Jus de ¼ de citron

sel et poivre

Processus

Faire fondre le beurre.

Battez les jaunes d'œufs au bain-marie avec un peu de sel, du poivre, du jus de citron et 2 cuillères à soupe d'eau froide jusqu'à ce qu'ils doublent de volume.

Ajoutez progressivement le beurre fondu aux jaunes d'œufs en remuant constamment. Conserver au bain-marie à une température maximale de 50°C.

ASTUCE

Cette sauce accompagne parfaitement les pommes de terre au four au saumon fumé.

ÉTAT ITALIEN

INGRÉDIENTS

125 g de sauce tomate

100 g de champignons

50 grammes de jambon d'York

50 g d'oignon nouveau

45 g de beurre

125 ml de sauce espagnole (voir section bouillons et sauces)

90 ml de vin blanc

1 branche de thym

1 branche de romarin

sel et poivre

Processus

Hachez finement l'oignon nouveau et faites-le revenir dans le beurre. Lorsqu'ils sont tendres, augmentez le feu et ajoutez les champignons tranchés et nettoyés. Ajoutez les dés de jambon.

Ajoutez le vin et les herbes aromatiques et portez à ébullition.

Ajouter la sauce espagnole et la sauce tomate. Cuire 10 minutes et assaisonner de sel et de poivre.

ASTUCE

Parfait pour les pâtes et les œufs durs.

SAUCE MUSSELLINES

INGRÉDIENTS

250 g de beurre

85 ml de crème fouettée

3 jaunes d'œufs

Jus de ¼ de citron

sel et poivre

Processus

Faire fondre le beurre.

Battez les jaunes d'œufs au bain-marie avec un peu de sel, de poivre et de jus de citron. Ajoutez 2 cuillères à soupe d'eau froide jusqu'à ce qu'elle double de volume. Ajoutez progressivement le beurre aux jaunes d'oeufs sans cesser de battre.

Juste avant de servir, battez la chantilly jusqu'à ce qu'elle soit ferme et ajoutez-la au mélange précédent par des mouvements délicats et enveloppants.

ASTUCE

Conserver au bain-marie à une température maximale de 50°C. Il est parfait pour griller du saumon, des couteaux, des asperges, etc.

SUPPRIMER

INGRÉDIENTS

250 g de sauce mayonnaise (voir rubrique bouillons et sauces)

50 g de concombres

50 g de câpres

10 g d'anchois

1 cuillère à café de persil frais haché

Processus

Écrasez les anchois dans un mortier jusqu'à obtenir une purée. Coupez les câpres et les cornichons en très petits morceaux. Ajouter le reste des ingrédients et mélanger.

ASTUCE

Idéal pour les œufs à la diable.

SAUCE BIZCAIN

INGRÉDIENTS

500 g d'oignons

400 g de tomates fraîches

25 grammes de pain

3 gousses d'ail

4 piments chorizo ou ñoras

sucre (facultatif)

huile d'olive

salé

Processus

Faire tremper les ñoras pour retirer la viande.

Coupez l'oignon et l'ail en julienne et faites-les revenir dans une poêle antiadhésive à feu moyen pendant 25 minutes.

Ajoutez le pain et les tomates cerises coupées en dés et laissez cuire encore 10 minutes. Ajoutez la viande de ñoras et laissez cuire encore 10 minutes.

Si nécessaire, hachez et ajoutez du sel et du sucre.

ASTUCE

Bien qu'inhabituel, c'est un excellent assaisonnement pour les spaghettis.

SAUCE À L'ENCRE

INGRÉDIENTS

2 gousses d'ail

1 grosse tomate

1 petit oignon

½ petit piment rouge

½ petit poivron vert

2 sachets d'encre de seiche

vin blanc

huile d'olive

salé

Processus

Coupez les légumes en petits morceaux et faites-les revenir lentement pendant 30 minutes.

Ajouter la tomate râpée et cuire à feu moyen jusqu'à ce qu'elle perde son eau. Augmentez le feu et ajoutez les sachets d'encre et un peu de vin. Laissez réduire de moitié.

Hacher, filtrer et assaisonner de sel.

ASTUCE

Si vous ajoutez un peu d'encre après broyage, la sauce deviendra plus légère.

SAUCE DU MATIN

INGRÉDIENTS

75 g de parmesan

75 g de beurre

75 g de farine

1 litre de lait

2 jaunes d'œufs

noix de muscade

sel et poivre

Processus

Faire fondre le beurre dans une poêle. Ajoutez la farine et faites cuire à feu doux pendant 10 minutes en remuant constamment.

Versez le lait d'un seul coup et laissez cuire encore 20 minutes en remuant constamment.

Hors du feu, ajoutez les jaunes d'œufs et le fromage et continuez à mélanger. Mélangez le sel, le poivre et la muscade.

ASTUCE

C'est une sauce parfaite pour gratiner. Vous pouvez utiliser n'importe quel type de fromage.

SAUCE ROMESCA

INGRÉDIENTS

100 g de vinaigre

80 g d'amandes grillées

½ cuillère à café de paprika doux

2 ou 3 tomates mûres

2 ans

1 petite tranche de pain grillé

1 gousse d'ail

1 piment

250 g d'huile d'olive extra vierge

salé

Processus

Faire tremper les ñoras dans l'eau chaude pendant 30 minutes. Retirez la pulpe et conservez-la.

Préchauffez le four à 200°C et faites rôtir les tomates et la gousse d'ail (les tomates ont besoin d'environ 15-20 minutes et l'ail un peu moins).

Après la torréfaction, retirez la peau et les graines des tomates et retirez l'ail un à un. Placez-le dans un verre à mélange avec les amandes, le pain grillé, la viande de ñoras, l'huile et le vinaigre. Battez bien.

Ajoutez ensuite le poivron et une pincée de piment. Battez à nouveau et ajoutez du sel.

ASTUCE

Ne réduisez pas trop la sauce en purée.

SAUCE SOUBISE

INGRÉDIENTS

100 g de beurre

85 g de farine

1 litre de lait

1 oignon

noix de muscade

sel et poivre

Processus

Faites fondre le beurre dans une poêle et faites revenir les oignons coupés en fines lamelles lentement pendant 25 minutes. Ajouter la farine et cuire encore 10 minutes en remuant constamment.

Versez le lait d'un seul coup et laissez cuire encore 20 minutes à feu doux en remuant constamment. Mélangez le sel, le poivre et la muscade.

ASTUCE

Il peut être servi nature ou haché. C'est parfait pour les cannellonis.

rénovation

INGRÉDIENTS

250 g de sauce mayonnaise (voir rubrique bouillons et sauces)

20 grammes de ciboulette

1 cuillère à soupe de câpres

1 cuillère à soupe de persil frais

1 cuillère à soupe de moutarde

1 concombre mariné

1 œuf dur

salé

Processus

Hachez finement l'oignon nouveau, les câpres, le persil, le concombre et l'œuf dur.

Mélangez le tout et ajoutez la mayonnaise et la moutarde. Ajouter une pincée de sel.

ASTUCE

Il accompagne parfaitement les poissons et les viandes.

SAUCE CARAMEL

INGRÉDIENTS

150 grammes) Sucre

70 g de beurre

300 ml de crème

Processus

Préparez le caramel avec le beurre et le sucre sans mélanger.

Une fois le caramel prêt, retirez la casserole du feu et ajoutez la crème. Cuire à feu vif pendant 2 minutes.

ASTUCE

Vous pouvez parfumer le caramel avec 1 branche de romarin.

POMME DE TERRE

INGRÉDIENTS

250 g de carottes

250 g de poireau

250 g de tomates

150 g d'oignon

150 g de navet

100 g de céleri

salé

Processus

Lavez bien les légumes et coupez-les en morceaux égaux. Mettez-le dans un bocal et couvrez-le d'eau froide.

Cuire à feu doux pendant 2 heures. Filtrer et ajouter du sel.

ASTUCE

Vous pouvez faire une bonne crème avec les légumes utilisés. Cuisinez toujours sans couvercle pour que les arômes se concentrent mieux au fur et à mesure que l'eau s'évapore.

www.ingramcontent.com/pod-product-compliance
Lightning Source LLC
Chambersburg PA
CBHW050152130526
44591CB00033B/1286